ことばの雑記控
六十の手習い八十の飯事(てなら)(ままごと)

倉持保男

三省堂

ことばの雑記控　六十の手習い八十の飯事

目次

序に代えて　　1

1　「あと【後】」と「さき【先】」……………………………………………… 25

2　「かもしれない」は 50％の確率か ………………………………… 28

3　「なければならない」と「なければいけない」…………………… 32

4　「おざなり」と「なおざり」について ……………………………… 38

5　「たま」と「まれ」…………………………………………………………… 42

6　「見える」と「見られる」、「聞こえる」と「聞ける」………………… 47

7　場所を表す「で」と「に」について …………………………………… 55

8　「汗を拭く」と「顔を拭く」……………………………………………… 62

9　形容詞述語文の構造について
　　　　　　──「が」の機能を中心に── ……………………… 71

10　日本語教育における類義語の指導 ……………………………… 83

11　補助動詞「(～テ) シマウ」について ……………………………… 97

12　残る・残す、余る・余す ……………………………………………… 111

13 「腹が立つ」と「腹を立てる」……………………………………… 125

14 類義と称せられる接尾語について

　　　── 特に「ぎわ」「しな」「がけ」の場合── ……………… 141

15 「なまじ」について ……………………………………………………… 157

16 文章中の指示語の機能 …………………………………………………… 178

朝日新聞日曜版連載「日本語よ」（20回分）

　　　1996年11月〜1997年3月 ………………………………………… 201

初出一覧　　242

倉持保男先生略歴　　244

装丁＝三省堂デザイン室

序に代えて

「六十の手習い」という言葉があり、人は生き続けている限り学ぶことを忘れてはいけない、という普遍的な戒めを述べたものであろうが、思ってみれば、人生の一つの節目となる六十歳を 20 年越えて八十歳に達していた。それでいわゆる「本卦還り」である「八十の飯事」と名付けようとしたわけである。

筆者が『新明解国語辞典』（以下、「新明解」と略して表記する）にかかわってから、初版の刊行に至るまでの期間も含めて半世紀を過ぎていることに気付き、ささやかな誇りとともに些かの慙愧の念を禁じ得ない。そうなるに至った経路を年を追って記すことは不可能ではないが、あまり意味のあることとも思えない。そこで視点を変えて、「新明解」の編集の責任者に至るまでの足跡を、できるだけ客観的に描き出し、その責めの一端を果たすことにしたい。

筆者が、小学校に入学したのは、昭和 16 年（1941 年）、その年の 12 月 8 日に米英などに対する宣戦が布告され、太平洋戦争が始まった。その年から小学校が「国民学校」と改称され、我々の世代が最初の入学生ということになった。その当時は日中戦争がかなり泥沼化し、どこもかしこも戦時色一色に塗りつぶされていた。新たに敵国として加わったアメリカ・イギリスなどに対する蔑称「鬼畜米英」「打ちてし止まん」「八紘一宇」「大東亜共栄圏」などが、ラジオや新聞を通して嫌というほど頭に叩き込まれた。文字通りの意味を素朴に信じようと

思ったわけでもないが、こういった謳い文句を否定するような含みを持った発言をする者は「非国民」と呼ばれ、周囲から白眼視されて生きなければならなかったようだ。

戦争が3年目に入った昭和18年ころになると、連合軍が劣勢を盛り返し、日本軍が窮地に追い込まれることが目立ってきた。「×××玉砕」といった表現で、虜囚の恥を受けないことが「日本の武士道だ」、「大和魂だ」と、もてはやされたようだ。

首都東京も連合軍の爆撃を受ける可能性が高まったと見たのであろう、たまたま3年生であった我々が最低学年で、安全地帯への疎開が実施された。「学童疎開」と称されるものである。筆者もその一人として上州の某温泉に行かされた。今の子どもならどのように生き方を選択するかがむずかしいが、我々にとっても楽しい経験だとは言えない面が多々あった。男女は厳しく別の部屋をあてがわれていたので女子児童のことは推測の域を出ないが、ホームシックにかかり夜な夜な泣いていた輩もいたにちがいないと思われる。そのころ、男子たるものは人前で涙をこぼしてはいけないと教え諭されていたせいで、人に見られるところで涙を見せる者はいなかったが、深夜ひそかに嗚咽を漏らす者はいたに違いない。

学童疎開の行われた地方の温泉宿なども含めて、食糧難が一段と深刻化し、付き添いの先生も農家を歩き回って食糧の調達にだいぶ苦心をされていたようだ。こんな粗末な食べ物じゃこれからどうなるのか先々が思いやられると子どもなりに不安を抱いていたときに、たまたま北海道に徴用されていた父が、りんごなどを持って慰問にやってきたのをいい機会と、こっそりと食糧問題などを含めた疎開地の窮状を訴え、脱出を要望した。父親にも、わずかな滞在ではあったが、疎開地の実態が把握できたと見え、なんとか手を打とうと約束して疎開地を去っていった。

結果的に、筆者は川を一つ隔てて千葉県に属する松戸にいた歯医者

を営む叔父の家に預けられることになった。東京とは川を一つ隔てているだけであり、実質的には都内と変わりがない松戸では、東京よりは数か月遅れたと思うが、空襲に見舞われることになり、警戒警報の発令とともに庭に掘られた防空壕で警報が解除されるまでの数時間を過ごすことが、次第次第に日常的なものになっていった。

そうこうしているうちに東京の戦禍が拡大してゆく一方で、松戸の叔父からも預かりきれないと宣言され、とりあえず父方の実家のある茨城（現在の岩井市）に行くことになった。その間に今でも語り草になっている３月10日の「東京大空襲」に遭い、江戸川を越した東京の夜空が紅色一色にうずもれているのを、一晩中見上げていた。

そのころ我が家は、現在の東武東上線大山駅の比較的近くにあった。我が家が焼けたという情報はなかったが、近いうちに焼き払われるのではないかと、叔父の家族も筆者も感じた。そのせいか、３月10日の大空襲から２日しか経っていない３月12日に、蒸かしたさつまいもやわずかな穀物を入れたザックを背負って、たぶん見納めになると思いながら帰宅した。そのときの衝撃は今でもはっきりと脳裏に焼き付いている。常磐線が金町を過ぎ、南千住あたりにさしかかると、なんと、上野の山が目の前に飛び込んできたのである。だいぶ何度も乗った常磐線であるが、こんなに上野の山が近いのかということは、全く想像もできなかった。つまり、その程度に都内の常磐線の沿線は焦土と化していたのである。

我が家に帰り２泊ぐらいして、また、松戸に戻ったが、我が家が空襲で焼かれたのは、それから１週間とは経っていなかったように記憶している。我が家が戦災にあったのは何月何日と明記できないのは恥ずかしいことだが、火の中を逃げ回ることもなく松戸にいたのだから、贅沢も言えまい。どんな形で我が家が焼失したという情報を得たのかは今も定かではないが、ともかく焼け落ちて、とりあえず筆者と同じく父方の実家のほうへと落ち延びた家族と茨城で合流することになっ

た。

　途中にどんな経過があったのかは筆者にも明らかではないが、結果的に父方の実家と３キロほど隔てた母方の実家の、そのころは使われていなかった納屋を急遽改造して、そこに住むことになった。両親と三つ上の兄と筆者との四人が、そこで暮らすことになった。姉は学校の寮にいて、しかも勤労女子学生として軍需工場で働かされたりしていたようだ。

　疎開先の茨城では、父親は仕事を口実にして東京に戻っていることが多かったようで、専ら生活の中心は母親一人に任されることになった。まず、食ってゆくために食糧の自給を講ずることが第一であり、松がまばらに生えているような土地を借りて、そこを開墾してさつまいもを植えたり、日常必要な野菜を作ったりし始めた。そのころ、疎開先から30分以上かけて自転車で地元の旧制中学校に通っていた兄が労働力としてはほとんど期待できず、母親の片棒をかついで時間があれば荒地の開墾に従事する役割は、専ら筆者にのしかかってきた。まだ４年生の筆者には（特に巨大な松の根などを掘り起こす作業は）、かなりきついものであった。とにかく母親を助けて文句を一つも言わずに作業にあたるしかなかった。新制の中学から高校・大学へと進学し、山登りに明け暮れ、40キロを超える重荷を背負って歩くだけの強靭な体力が身に備わったのは、こうした経験が基盤にあったからだと信じている。皮肉なことに、おぞましい戦争が筆者の成長の段階で図らずもプラスに作用したとみて間違いはあるまい。

　満足できるような食べ物がないという点を除けば、とりあえずの衣類に事欠くことはなく、ある面からみればのんきな暮らしであったのかもしれない。少なくとも、あの悪夢にうなされるような警戒警報や空襲警報のサイレンが鳴り響いて来ないだけでも平和であった。

　政府や軍部が真実は伝えていなかったにせよ、日本がどんどん劣勢に追い込まれ、余命いくばくもない状況に立ち至っていたことは、い

かにスローガンとしての「神州日本」を、筆者などは子ども心にも事実に反するかと、まさに許されざる勝手な判断を下していた。一部のおとなも声は低めてささやくように、日本は勝てないな、負けるしかない、などとつぶやく者がいた。

そういった国民の気持ちを震え上がらせる事態が、広島と長崎で発生した。政府筋は「新型爆弾」という曖昧な表現で真実を覆い隠そうとしたようだが、原爆が都市部の焼夷弾攻撃などとはくらべるほど自体に無意味だという災害をもたらしたということが、広島や長崎の現場を自分の目で確認した人の口から、大きな声では言えないがといった注釈つきで語られはじめていた。筆者も、実家の従兄が（当時は入隊していた）たまたま広島を通る機会を得て、その惨禍の大きさを我々に伝えてくれた。

どんな形で日本が戦争を終えるのか、本土決戦などということはいったい何だったのか、といった疑問には誰も答えを与えてくれぬ間に、あの玉音放送が流れる8月15日正午を迎えた。NHKの「重大放送！！重大放送！！」という触れ込みから、多分勝敗はともかく、何らかの形での戦争終結にかかわる事柄だろうと、かなりの人が推測したようだった。父なども、これで戦争は終わるなと、一人つぶやいていた。玉音放送はかなりの人の予測を裏切ることなく、天皇が自ら連合国の発したポツダム宣言を受諾する旨を国民に伝えるものであった。ずいぶんませている子どもだと言われるかもしれないが、筆者には玉音放送の大部分は、ほぼ正しく理解することができた。今でも、「耐えがたきを耐え、忍びがたきを忍び、もって萬世のために太平を開かんと欲す」といった文言が強く印象に残っている。それからは空襲におびえることもなく枕を高くして寝られるのかと思うと、妙な安堵感に満たされる気分になった。

夏休みが終わり新学期が始まると、校内を挙げて「平和日本」「国

際協調」「民主国家建設」などといった、それまでは禁句に近い表現が満ち満ちている状態になった。先ごろまでは、「神州不滅」などと息巻いていた人が、何でこんなに簡単に自分の発想を切り替えることができるのか、正面切って問いただしてみたい衝動にかられることもままあった。こうして見事な発想の転換を行った日本人が、なぜ、こうした状況に日本人を追い込んだ軍閥などに対する怒りをあらわにして戦争犯罪を追及しようとしなかったのか、その疑問は今も消えてはいない。ナチスの残党を、まさに世界中に網目を張り巡らし、その所在を確認しようとしたドイツと好対照である。

　GHQマッカーサーの命令により、中止せざるをえなかったゼネストが記憶に残っている程度で、筆者の小学生生活も終わりに近づいていた。したがって、大部分の児童が当然上の段階の学校へ進む考えを親も含めて持っていたが、GHQの指導により教育制度にも革命的な変化が求められ、いわゆる六三制が立法化され、我々の世代が新制度による中学校第一回の入学生ということになった。同じ都内であっても文京区などは、文京第一中学校から第五、または、第六中学校まで、事前に準備が整えられたようだ。ところが、筆者の住む豊島区は、制度はできたが肝心のその受け皿がない状態に置かれていた。そこで、おそらく我々の言葉では「自由募集」と呼んでいる、普通の授業料を納めて通学する生徒が少なく、かなり教室などに余裕があったのだろうと推測されるが、後に水泳の金メダリストになった北島康介氏の出た、私立本郷学園に預けられることになった。つまり、公費でやってきた我々と授業料を払って来ている生徒が同居して、同じ教室で過ごすことになったのである。公立の学校を一貫して通いとおしてきたと多くの人が思っているのに、筆者の履歴書に中学校の部分だけが私立とせざるを得ないのは、そうした事情によるものである。

　人数では、授業料ゼロの依託生が、いわゆる「自由募集」で在籍している生徒数をはるかに上回っていたので、我々の間に自分たちは私

立の学校の生徒なのだといった意識はほとんど抱いていなかった。筆者の中学校生活は、これといった話題になるようなこともなく、3年間を無事に過ごしたという以外の何ものでもなかった。やや自慢めいたことを特記するとすれば、1年2年は百数十人中、毎学期席次が首席であったということぐらいである。先生にはかなり目についたらしく、正月などは埼玉県浦和市の市営住宅に住んでいた担任の先生の家に招かれたりした。時代も時代であったせいか、話題は労働運動などが中心だったと、おぼろげに記憶している。

　3年になってからは、首席にいることなどにあまり意味があるとは思えなくなって、体育や図画などを適当に怠けたせいか、首席は誰かに奪われた。ある面では学校側の期待もあった本郷学園高校への無試験進学を拒否し、自分の意志で公立の高校に進むと宣言をしていた。今とはだいぶ制度は違うが、公立の高校に進むためにはアチーブメントテストを受けておく必要があった。文科系理科系それぞれ50点満点で実施され、筆者は両方あわせて96点か97点を獲得した。学校側も、こうしたことから本郷学園高校にとどめておく必然性はない、どこへでも好きな公立の高校へ進みなさいと、逆に励まされるような始末であった。

　筆者は何のためらいもなく、兄二人が進んだ小石川高校（旧制では府立五中）に進むことに決めていた。小石川の名称は都立五中の名称を、単純に変換しただけのものであった。先にも触れたが、文京××中の出身の輩は、本郷学園で勝手気儘に3年間を過ごした筆者と違って、英語などの力がかなり実質的な力を備えており、ややもすれば、こちらが押され気味でもあった。

　小石川高校も今とは違って、指を折って数え上げられるほどの進学校であったためか、外国語や物理化学といった理科系の科目にはそれなりに力を注いだが、5段階評価の5を取りたいなどとはあまり考えたこともなかった。むしろ高校の3年間では、何かと学問への道をそ

れとなく暗示してくれた先生との個人的な接触を意義あるものにすることの方が、今も記憶に残っている。例えば、我々が卒業するかどうかに前後して芥川賞を受賞した英語の小島信夫先生や、担当は日本史であったが山岳信仰の研究者であった野田先生からは、有形無形の大きな影響を受けた。浪人を１年して東大に合格したことを知らせにゆくと、たまたま学校に居合わせた野田先生は、文化人類学の泉靖一先生や、石田英一郎先生という日本の学会を代表するような先生がいらっしゃるから、ぜひとも機会があれば聴講するようにと、勧めてくださった。

　高校時代の３年間は、これといった目立った部活動もせずに、はたから見ればごく平凡な一高校生にしか見えなかっただろうが、現在も日本の風土にはなじまない感じの「新劇」に惚れ込み、俳優座・文学座・劇団民芸などの公演を、時には一人で、時には仲間の一人二人を誘って、よく観に行った。こうした状況と並行して、午後の授業を、主に化学や生物などの理科系の科目をさぼって、新宿の「帝都名画座（紀伊國屋書店の斜向かいあたりか）」に足を運んだものだ。帝都名画座では、一週間くらいの単位で、ルネ・クレール全集・ジュリアン・デュヴィヴィエ全集などの名称で、フランスなどの名監督の作品を日替わりで上映していた。全部観るためには、午後の授業を受けている余裕はなくなるのだが、そうそうさぼってもいられないので、映画の内容に関する情報をあらかじめ知り、週４回くらいの割で観に行った。

　先生の方もうすうす感づいておられたようだが、そこが小石川高校のよさで、野暮な詮索をされることもなく、不問に付された。今の学校だったら退学や停学の処分を受けるくらいの校則違反だと思うが、何のお咎めもなかったことに今も感謝している。とにかく、小島先生をはじめ、多くの先生には、「意外に文学作品をよく読んでいる文学青年の端くれ」くらいに映っていたのだろう。

自分の将来を予測して選んだわけではないが、東大教養学部の文学部への文科二類に進んだのは、文学部への進学が中心であり、将来は新聞記者などのジャーナリストが強いて言えば第一志望で、大学の教師になるなどということはほとんど意識になかった。そのころの東大の教養学部には小石川出身の連中が集まり、ワンダーフォーゲル、直訳すれば「渡り鳥」のメンバーに現役で入ったりして、学年よりは先輩面をしている者も含めて、筆者も当然メンバーに加わるものだと思われていたようだった。つまり、趣味を兼ねた山登りにあまり積極的にはなれない部活動の一部に組み込まれてしまったわけだ。

ここで、山のことについて一言触れておこう。中学生のころから、野外観察の一環として、私鉄で気軽に行けるところへはいくつか出かけていて、本格的な山らしい山へ登ったのは高校2年のときで、仲間二人を誘い、八ヶ岳の南の編笠山から硫黄岳までの主脈縦走を試みた。小淵沢の駅前から歩き出して山中に一、二泊する計画で、あまり経験のない者にはかなりハードなものであった。一日目は豪雨に阻まれ、計画そのものを諦めて帰宅するかどうかの判断を迫られたが、天気予報では明日はよく晴れるということなので、小淵沢の駅前の旅館に宿をとった。どうみてもあまり豊かには見えない高校生が三人連れ立って一宿を請うたのを、女将が快く引き受けてくれた。翌日は天気予報どおりの抜けるような青空で、筆者は快適に歩を進めた。山に慣れていない同伴の二人は、筆者との体力差がかなりこたえたようだが、何とか我慢してついてきてくれた。

3年の夏になると、国語の教師から「君は山に登るそうだね、ぼくは今、山岳部の部長を仰せつかっているので、君も一緒に行こう」と誘われた。単にパーティの一人になるだけでなく、「君にリーダーを務めてもらいたい」との話であった。山岳部員でもない筆者が、部員のメイン行事に加わったことにはかなり抵抗があり、その旨を伝えて辞退しようとしたが、受け入れてはもらえなかった。行き先は南アル

プスで、今でも急登で有名な甲斐駒ヶ岳の黒戸尾根を登り七丈小屋に泊まり、二泊目以降は天候次第で計画段階では固定しないで、甲斐駒から先は仙水峠まで下り早川尾根を登り、アサヨ峰を経て鳳凰三山を踏破して下山するという、後になって思えば初心者向きのルートではあるが、三千メートルに近い稜線を連日歩くのはかなり体力を必要とするものであった。山岳部と同行した際には、雨に遭って宿泊先をどうするかの判断をリーダーである筆者に一任された点を除いては、大過なく予定どおりに下山した。

　そのことがきっかけとなったわけではないが、大学入学後も憑かれたように山行に精を出した。アルバイトをして交通費その他の資金を稼ぎ出し、下山すればまたアルバイトにうつつを抜かすといった状況で、教養学部時代の2年間を終えた。3年目のしかるべき学部への進学のときになって、度を過ぎた山行が裏目に出た。結果的に文学部国語国文学科に行かされる（行くのではない）ことになった。その時に今でも忘れられない出来事があった。文化人類学の石田先生が、フィールドワークに向いていると評価してくれて、自分が認めるのだからと、筆者を文化人類学に進学させようと、だいぶ努力なさってくださったようだ。絶対に例外は認められないという事務方の判断を、「役人というのはバカですね」と、吐き捨てるようにおっしゃったのが今でも耳に残っている。その時のことなどを思い出すにつけても、中学校以来、なんとよい先生方に恵まれていたのであろう。先生も信頼できないと言って自ら命を絶つ今の中・高生を見ると、何か手はなかったのかと筆者なりに胸が痛む。

　さて、国語国文学科に進学はしたものの、何を研究課題とするかについては、これといった目的も方法もなかった。学生が自由に立ち入ることのできた研究室で、たまたま足繁く通っていた国語研究室へ、当時、助手であった西田直敏さん（のちに北海道大学に転勤）から、国語学をやってみないかと勧められ、そうしましょうか、などといい

加減な返事をしているうちに、次第にやらざるを得ない状況に追い込まれていった。その要因の一つに「国語研究室会」という、原則月一度の集まりがあった。それは東大で国語学を専攻した人たちの集まりで、たまたま発表の任に当たった人が1時間半程度の話をし、それを中心とした討論が行われ、終了後、時枝誠記先生を中心として、ときには正規の、また、ときには任意の催しとして、一杯の飲み会が行われるのが通例であった。なかには、その後の方の飲み会を目当てにするかの如く、閉会近くに現れる強者の先輩もいた。司会を含め、正規か任意かは問わず、進行役を務めるのがいちばん若輩の学生の仕事であった。筆者も学生の一人として司会役などの任に当たった。名前はかねがね伺っていても、直接面と向かって親しく口をきけないような、いわゆる学会の大物と評価される人たちと顔見知りになれたのは幸いなことであった。後に個人的にも親しくなった亀井孝先生に、顔と名前を覚えていただいたのも、その「国語研究室会」のおかげであった。大学院終了後、千葉大学の助手に推挙されたのも、その「国語研究室会」が縁となっている。

　専門学部の2年間はあっという間に過ぎ卒業を迎えることになったが、五味智英先生からご指導を賜った縁で、卒業論文は「上代語の研究 ―研究史上の諸問題―」という、一見もっともらしい標題で、日本語の系統論からその時点（昭和30年代前半）までの万葉集研究などに関する論文・著作を手の届く範囲で博捜し、問題点を探り出そうとするものであった。私に限ったことではないが、何をもって問題点とするかについては時間の制約もあって、全くと言ってよいほど意に満たないものであった。

　先生方の評価はともかくとして、曲がりなりにも卒業することができ、どのように身をおさめるかが喫緊の課題となった。民間企業への就職はすでに時期遅れで、わずかに残る希望は中学や高校の国語の教師になることであった。幸いなことに、東京都の教員採用試験には合

格していたので、そちらの方にもそれとなくあたってみたが、快い返事は得られなかった。結果として、水道橋の駅に近い、某中学校（商業高等学校を併設）に就職することにした。はじめから魂胆ありで、関係者には今でも申し訳ないと思っているが、長く勤める気は毛頭なく、いずれ大学院の修士課程くらいは出て、大学かそれに近い学校に職を得ようという腹積もりがあった。

　学部卒業後、1年の空白を置いて大学院生となった。研究テーマは学部の卒業論文を引き継いで、「上代語の研究」ということにしておいた。大学院入学後のいくらも経たないうちに、いわゆる「60年安保闘争」が始まった。なぜアメリカとの間に結ばれる安全保障条約が、どのような災害を我々日本人にもたらすのかについては、必ずしも明確な説明は得られなく、まさに理屈抜きで「安保反対」の掛け声に巻き込まれざるを得なかった。「安保反対、岸（当時の首相、岸信介、佐藤栄作の実兄）を倒せ！」と、国会周辺を連日のようにデモに駆り出された。大学そのものは休講ではなかったが、実質的にはほとんど機能していなかった。国会議決の何十日かが経過して、参議院で自然成立する事態が迫り、国会の門を強行突破して国会内に乱入した中の一人に、当時、文学部史学科の学生だった樺美智子が乱闘中に死ぬという痛ましい事件が生じ、我々もそちらに移り、安保そのものへの継続阻止への意欲はやや薄れかけだしていた。筆者もデモに明け暮れたために、靴一足だめにしたという思い出だけが今も残っている。

　安保闘争のせいだとはしたくないが、大学院修士論文の提出が1年遅れるはめになったのは、まさに筆者の不徳の致すところであった。肝心の勉強の方は、思いのほか資料も集まらずかなり苦戦することになったが、京都大学の阪倉篤義教授のご指導なども得られて、上代語の語構成を扱った。簡単に言えば、「華やか」「爽やか」などの語は、「はな＋やか」か「はなや＋か」であるか、また、「さわ＋やか」か「さわや＋か」であるととらえるべきか、などといった問題である。どの

ような結論に至ったかは、我ながら出来の悪い論文だと思っているので、今ここで披露することはご遠慮申し上げる。

　論文がかろうじて期限に間に合って修了できる目途が立った状態で、その後の身の振り方を真剣に考える必要が生じた。九州に近い某県の大学から助手の募集があるとの情報を得て、時枝先生を通じて応募することにした。その返事は、結果的に得られなかった。3年前の学部卒業時と同様に、高校の教師の口も心掛ける方がよいかと思案する日が続いた。

　そうこうしているうちに、時枝先生退官後、新しい指導教授になっていただいた松村明先生を通して、両先生いきつけの新宿の赤ちょうちんの店で、「千葉大学の助手の口があるというので、君を推薦しておいた」との知らせに、どんな結果になるかは半信半疑ながらも、両先生に謝意を伝えた。それも前の地方大学同様なかなか返事が得られなかったのだが、2月に入ったころ、一応内定したそうだとの知らせを、松村先生から受けた。聞くところによれば、千葉大学の留学生部で外国人留学生に日本語を教えるのが仕事だそうだ。

　松村先生のお勧めもあり、当時、民間機関で、活発に日本語教育を行っていた「国際学友会日本語学校」に、授業見学をさせてもらいに赴くことにした。特に、亀井孝先生の実妹の阪田雪子さんの授業が、非常に評価が高いという噂だそうだというので、阪田さんの授業を集中的に見学させてもらうことにした。彼女は、学校長の鈴木忍さんと教科書を編集されたりもしておられた。2週間から3週間くらい、週に3，4日ぐらいずつ見学にお伺いしたが、2週間経ったころからだいぶ要領がわかってきて、あれなら自分にもできそうだという、疑問符つきながらも自信めいたものが胸中に生じはじめた。

　4月に入って千葉大学助手の辞令が下り、西千葉まで、週に4日ほど通うことになった。当時の日本語のスタッフにどのような人がいた

かは説明することが憚られるので辞めるが、私を紹介してくれた人自身は、日本語の先生としてはそれほどの技量を持ち合わせているとは思えなかった。

いちばん信頼できる相談相手は、後に「米加十二大学連合日本研究センター」に移り、さらに「国立国語研究所」に日本語研究部門ができたのを機にそちらに異動し、最終的には国立国語研究所長になった、水谷修さんであった。たまたま帰りなどに一緒になると、西千葉から秋葉原までの30分近くを、もっぱら日本語教育に関するノウハウを獲得することに終始した。

結果的に丸々8年ほど千葉大学の留学生課程（筆者が勤め出して2年後か3年後に、留学生課程から学部に準ずる留学生部へと形式的には昇格した）に在籍したが、ある意味では「新明解」にかかわる前の体力勝負の日々であった。授業にかかわりのない日も、ほとんど休むことなく大学に通い、特に留学生部のために設置されたランゲージラボラトリーのメカニズムを最大限に生かした教材作りに、山に行くことも忘れて時間をつぎ込んだ。テキストの音読や、学生の聞き取り練習用の簡単な読み物の録音などに、どれほどの時間を費やしたことか。休日も返上してそういったことをしているということを知った仲間の助手がたまには応援してくれることもあったが、大部分は筆者の個人の手になる作業であった。

筆者も外国人への日本語教育が10年近くに及び、それなりの方法論も見出だせ、理論的にどうのこうのと叫ぶ人に後れをとることはないという確信が抱けるようになった。一方、学生を招致する側の文部省留学生課との関係は、学生の進学をめぐり、かなり険悪なものになった。文部省側は、留学生の希望どおりに専門学部に進学させることが、千葉大学で3年の教育を終えてからではかなり厳しいものになってきていた。それにはいくつかの理由があるが、一部の大学を除いては、千葉大学留学生部に在籍する学生を受け入れる大学が2年次から専門

教育に入ることが増え、千葉大学で3年間の学習を経た後では、その
へんの折り合いというかすり合わせがうまくゆかない状況になってき
ていた。それは我々自身の調査によっても明らかで、そうなると、1
年目の日本語学習を中心とした学習、2年目3年目でのいわゆる一般
教養を獲得させる教育を現状のまま続けることが無意味でもあり、現
実との対応で、極めて不適切なものになりつつあった。そこで、文部
省からは、日本語学習を中心とした1年目を除いて、2年目から学生
の希望する大学に進学させるようにすべきだという声が、留学生部内
にも高まってきた。

　折りしも、留学生部の存在を根底から揺るがすような事件に遭遇す
ることになった。シンガポールから来日していた某君が、学校に姿を
見せなくなって数週間を経たころ、教授会の場に当人とその付添い人
が現れ、我々にしてみたら全く信じがたいような事実を知らされた。
それは、そのころ現地で問題となっていた、マラヤとシンガポールを
合併して「マラヤ連邦」にするという案に従った方向に向かっての準
備が進められ、問題の某君はその動きに異を唱え、マラヤ連邦の成立
を阻止しようと行動していたようだ。それを察知したどちらかの国の
官憲が、なんとかして彼の反対運動を抑え込みたいと思ったようで、
日本政府に奨学金の打ち切りを要請してきたというのだ。我々の知ら
ぬ間に、彼は留学生としての奨学金受給を打ち切られてしまい、今後
の身の振り方についてどう対処するか、困惑せざるを得ない立場に追
い込まれていた。文部省によれば、奨学金を打ち切れば、経済的に日
本に在留することが不可能になり、帰国せざるを得ないだろうと軽く
判断したようだ。そのへんの経緯については、岩波新書の田中宏著『在
日外国人』の、冒頭に近い部分に詳述されている。

　「寝耳に水」といっても過言ではない情報に接した我々は、大きく
二つの問題に直面した。一つは、留学生部長と教授会議事録の署名人
と留学生部事務長との三人による、某君を除籍することに関する記載

とそれに関連する教授会議事録の改竄に、他の教授会構成員がどう対処すべきかで、もう一つは、除籍された某君の身分をいかに我々が保持してやるか、であった。当人は千葉大学への私費留学生としての再入学を希望しているというので、当面はその要望をかなえることに、特に若手の留学生部スタッフを中心として積極的な活動が始まった。結論としては、大学の最高の決議機関である大学評議会で可決され、某君の私費留学生としての受け入れは認められることになった。

　そのころ、まさに文部省側の報復手段といってもよいような留学生部廃部案が提示され、自分たちはこれからどうなるんだ、という声が、若手の教員の間からは声高に論じられる状況になった。筆者も、その若手のメンバーの一人であったが、たまたま知り合いの先輩との縁で、群馬大学教育学部に行かないかとの誘いを受け、ほとんど二つ返事でそれを承諾した。

　周りを、赤城・榛名・妙義の両毛三山に囲まれた前橋は、冬のいわゆる「赤城おろし」の冷風を除けば、精神衛生上は山好きの筆者にとって、決して田舎に落ち延びたなどという野暮な感慨を抱かせる余地はなく、東京から2時間あまりを費やして通うのも、さして苦にはならなかった。

　千葉大学留学生部の廃部に伴い、筆者が群馬大学に通っているという情報が日本語教育の世界にも比較的早く伝わり、「2時間以上もかけて通うのはたいへんだろう、うちへ来ないか」という、慶應義塾大学国際センターの某氏からの誘いを受け、結果として今をチャンスとして受け入れるべきだとの結論に達した。わずか1年で群馬大学をやめることにはそれなりの抵抗もあったが、今後予想される数十年の教師生活全体を思えば、一時をしのげばあとはなんとかなるだろうといった安易な気持ちであった。群馬大学を1年（さらに1年は非常勤講師として週に2日前橋まで通った）でやめることについては、事務

方からは、何であと 1 年勤めないのかと不思議がられ、それが国家公務員勤続 10 年となり、退職金その他にわずかとはいえ影響が及ぶという話を聞かされた。そうは言われても、今更あと 1 年お待ちくださいとも言えず、慶應大学に移籍した。

　慶應大学では、半分煙たがられる存在であることを自認しながら、20 数年は勤めた。65 歳で定年になる 2 年前に慶應大学を退職して大正大学へ移った。無事に 70 歳まで勤め上げ、その間に博士号を三人の学生に与えて、これといった問題も起こさずに定年退職を迎えた。

　以上が、筆者の職歴の概略である。

　『新明解国語辞典』にかかわるようになったのは、千葉大学から群馬大学へ移籍する問題が持ち上がった 1960 年代の後半のころであった。そのころ、日本語教育の先輩でもあり、よく話し相手になっていた阪田雪子さんが、『天草本平家物語』の翻字を試みて、吉川弘文館から出版した。その縁で、『天草本平家物語』と深いかかわりがあると推測される『覚一本平家物語』の数本を亀井孝先生、山田忠雄さん、酒井憲二氏、阪田雪子さんに筆者を加えた五人で、亀井山田御両人を除いた三人が順番に担当者となり、各本の読み合わせが阪田邸で週に一度行われることになった。

　今となってはいつごろであったかあまり詳しくは覚えていないが、ある日突然、山田さんから「三省堂の国語辞書にかかわっていなければ、私を助けてほしい」と、編集協力の要請があった。幸いなことに、筆者も前には『広辞林』の改訂だなんだといくつかの仕事を引き受けた覚えがあるが、そのころは全くこれといった仕事はしていなかったので、「どこまでお役に立つかはわからないが、とにかくお引き受けします」と、二つ返事で承諾した。本心は分からないが、阪田さんや酒井さんもそれに応じた。初版が出る 2 年前の 1970 年ということになろうが、これが筆者の「新明解」へのかかわりの第一歩である。

18 —— 序に代えて

　筆者の辞書編集への協力は、千葉大学に在籍している間に三省堂の某古語辞典にかかわる仕事の一部を担当したのが始まりであった。商品としての辞書への積極的なかかわりは、山田さんから要請された「新明解」への協力が最初である。はじめは、『明解国語辞典』と、その時点で市場に出回っていた数種の辞書の該当する項目が一覧できるように貼り合わせたものを見渡して、手を入れるところがあればそこに朱を入れるというのが山田さんからの要望であった。

　ここで「新明解」にかかわる前を振り返ってみると、「新明解」が商品としての辞書づくりの最初であったというのは事実に反する。大学院在籍中に築島裕さんから頼まれた『新潮国語辞典 ―現代語・古語―』の編集にかなり深くかかわったのが最初であった。新潮社の方は、それぞれの項目について、執筆者の責任で書き下ろすことになっていた。その際、現行の国語辞典を参照することは、至極当然であった。筆者もそうした態度で先行辞書を批判の対象としながらも、よい点は積極的に受け入れ、また、新たな辞書に用いるには疑わしい文言は排除するという当たり前の方法によって、割り当てられた各項目の稿を起こした。

　あるとき、妙な現象に遭遇した。なんという項目であるかは忘れたが、いわゆる複文になった語釈が施されていた。何度読み返しても前半と後半が論理的に辻褄が合わない。いったいこれはなんだ、と思って他の辞書をみてゆくうちに、そのからくりが読めてきた。その語釈の前半はA辞書、後半はB辞書の文言をつなぎあわせたもので、辻褄が合わないのは当たり前で、それで辻褄が合ったら奇跡としか言いようがない。先行のすべての国語辞書がこうだとは言えないが、辞書編集の手の内がかなりあからさまに露呈されていたのである。

　そうしたことがきっかけとなって、先行辞書の語釈の内容をいかにうまく取りこむかを考えるよりは、自分自身の発想で語釈を施さなければ意味がないという、当たり前の結論に至った。それ以後は語釈を

書くスピードは遅れたが、自分なりにこれなら一応納得できるというものを書かねばならぬと心掛けるようになった。筆者を含めたアルバイト気分の執筆協力者のゆるんだタガを引き締めるかのように、その後、編集者として築島さんとともに名を連ねることになった、小林芳規さんや山田俊雄さんが、我々の気持ちを適度に引き締めてくれた。新潮社の一室であれこれ仕事を進めているうちに、谷川岳一ノ倉沢の宙吊り事件や三島由紀夫の自衛隊（現防衛省）における割腹自殺などがあったが、筆者も千葉大学への就職が決まり、新潮社からの仕事からは離れることになり、その後、それなりの経緯を経て『新潮国語辞典 —現代語・古語—』が市場に出ることになった。

　筆者が山田さんから協力を要請されたのは、そんな経過を経た後であった。新潮社の辞書づくりを通して辞書編集のよい点よりは許されざる点などをいくつか目にし、同じ轍は踏んではならないと自分を戒めながら事に臨んだ。

　「新明解」には筆者のほかにも数名の協力者がいたが、山田さんと特に深いかかわりを持つようになったのは、あるときがきっかけであった。たまたま割り当てられた項目「たたく」について、「㊀少し離れたところから、はずみをつけるようにして、強く物にあてる（ことを何回か繰り返す）。」（㊁以下省略）の稿が、山田さんと語感が合ったと見え、「はずみをつけるようにして」の文言が、山田さんの言葉をそのまま引けば「わが意を得たり、という思いがした」というのが、最初であったと思う。

　その後は、同じ協力者でも筆者だけがやや別格の扱いになり、ほかの協力者と出会わない時間帯に、問題となる項目についての検討を加えるようになった。それが、編集の最終段階では、深夜の１時２時にまで及ぶことも少なからずあり、群馬大学への出勤の件とにらみ合わせて、さすがにその状態でいつまで身体が持つのかと、心配したことも一再ならずあった。

20 ——— 序に代えて

　5万を超える見出し語を納めている「新明解」では、1万にも満た
ないかもしれないが、第三者からも何何の稿はよくでてきていると評
価されるものには、山田さんと夜を徹して語り合った結論が述べられ
ているものが少なからずある、といっても過言ではない。
　初版が出版されてからのことではあるが、「きっと」は「㊀見込み・
（期待）どおりに何かが行なわれる様子。」となっていた。これが適切
な語釈であるとすれば、単に、見込みや期待との一致だけを問題にし
ていることになるが、その後は、表現主体のあることの実現性に対す
る確信を表すという、大事な要素が欠けていることに気付き、現在で
は、「㊀物事が△見込み（期待）通りに行なわれると確信を抱く様子。」
というように、話し手の判断を表すという点から「確信を抱く」とい
う文言を入れることによって、より適切な語釈へと高めた。山田さん
との間では、もっぱら問答形式によって、より迫力のある語釈に近づ
こうとした。
　補助動詞の「しまう」は、初版では「しまう…㊀確実に何かをする。
最後まで何かをし終える。㊁実現を期待しないような結果になる。」
となっていたが、用法の分析を通して、現在のような、大別して二つ
の用法になる点を明らかにした。「しまう…㊀何かを実現させ、その
ことに関してはかかわる必要がない状態に△なる（する）。㊁何かが
実現し、それを元に戻すことができなくなる。〔多く好ましくない事
態にたちいたった場合に用いる〕」
　こういった「意味分析の方法は」と問われれば、意味論を専門にし
ているわけではない筆者にとって、かくあるべきだという方法が確固
として備わっているわけではない。方法というには値しないが、筆者
が、学生などに意味分析の手ほどきを説明するのによく用いる表現は、
まず何をおいても、「直感」（時と場合によってはむしろ「ヤマ勘」に近
いこともありうる）を第一とする。それに、実際の用法を突き合わせて、
不必要な凹凸をなくしたものが、最終的な意味だということになる。

従って、これから辞書編集者を心掛けようというなら、まず「直感」、ないしは「ヤマ勘」を磨くことが不可欠である。そのためには、問題とする語の用法に敏感であることが望まれる。多少は鈍感であっても、時と場合によっては有効なこともある。頓珍漢であることだけは、なんとしても避けたい。

このように言うと、全くの無手勝流で意味をとらえようとしているかのように受け取られかねないが、多少は意味論に関する勉強も続けていた。特に、池上嘉彦の『意味の世界』が、啓蒙書として出版されたようだが、意味論に関する参考文献の少なかった時期にあっては、貴重な論考だった。さらに、池上さんの翻訳ではあるが、ウルマン著『言語と意味』、池上嘉彦著『意味論』が、種々の点で筆者の意味に対する新しい知見を与えてくれたり、蒙をひらかせたりしてくれた。一方、国広哲弥さんの二書、『意味の諸相』『構造的意味論』は、適宜日本語についても分析の対象としている点で、非常に得るところが大きかった。

筆者が、意味の問題に積極的に関心を持ち出したころ、たまたま、海外からの留学生を対象に日本語を習得させている段階があったので、外国人に嘘だけは教えたくない、という一念が、意味論に向かわせる支えとなった。先に挙げた人たちから多くの恩恵を受けたが、結局は「問題とする語が使用される条件を過不足なく伝えること」であり、意味をそうとらえることは今も基本的に変わりはない。

先にも述べたとおり、山田さんとの問答を通して、多くの新しい見解を山田さんに伝え、それに賛同を得たものが数え切れないほどあるが、実際にそのとおり版面に投影されることは少なかった。山田さんご自身か他の人かは定かではないが、筆者以外の誰かの見解が織りこまれた内容が版面には投影されたようだ。

従来の国語辞典で、その意味の差異がとかく曖昧にされたままになっていた、「腹が立つ」と「腹を立てる」の違いを、それなりに明

確に述べたのは、たぶん「新明国」が最初であろう。「見える」と「見られる」、「聞こえる」と「聞ける」などについても、従来の国語辞典とは一線を画す記述を行ったつもりである。

　新明国にかかわる話はこれくらいにして、千葉大学に勤めて以後の我が足跡を振り返れば、そのときどきによる出入りはあるが、辞書にかかわるという点においては変わりがなかった。筆者を文化人類学に向かわせようと奔走してくださった石田英一郎先生の学恩にも、多少は報いることができたかとひそかに思っている。

　多少、蛇足の嫌いはあるが、筆者なりの「意味」について、改めて考え直す必要があると判断された語について、どのような方法を用いたか、その概略を示しておこう。

　予測される意味が事前にある程度見通しが立った場合を除いては、まず用法を集めることから始める。その際、必ずしも実例にこだわる必要はない。例として挙げた文脈の中で十分に使い得る可能性があれば、それも用例の一つとして取り扱う。その際、第三者の意見を求めることも、時と場合によっては有効である。

　ある程度、用例が出そろったところで、どんな条件に支えられて用いているかを判断する。その判断は必ずしも論理的である必要はなく、むしろ直感・ヤマ勘に類する場合も多々ある。

　用法の分析を通して意味に対する仮説を立て、それをそれぞれが用いられている場面に戻してその適否を検討する。必要に応じて仮説についての修正を加える。極大まかに言えば、問題として取り上げる語のそれぞれについて、こうした作業を繰り返すということになる。

　本編で触れた、「腹が立つ」と「腹を立てる」、補助動詞「てしまう」、また、今回書き下ろした「なまじ」の用法に関する記述などが、上述の点に合致する。その際注意することは、その時点ですでに商品化されている出来合いの辞書の意味に引きずられないことである。そのた

めには、絶えず対象を客観的にみる態度を失わないことが肝要である。客観的に用法を眺めることにより、従来の辞書とは全く異なる発想も生まれて来ようというものである。今述べたことと同じことを、角度を変えて言うだけであるが、現行辞書の意味記述の誤りとは言えないまでも何らかの問題は、こうすることによって見えてくると言ってよい。

　意味とは「くらげ」のようなものである。これでよしと思うと反例を挙げられ、なんとかその処理をするとまたまた違うところに不都合が生じる。押せば窪み、放っておけば膨れ上がる。なんとも扱いにくいものである。

1 「あと【後】」と「さき【先】」

　部下が思いつきでやった仕事が好ましくない結果を招いた場合などに、上役が

　　A　<u>さき</u>のことを考えずにやるから、こういうことになるんだ。

また、同じ内容を

　　B　<u>あと</u>のことを考えずにやるから、こういうことになるんだ。

などと、たしなめることもある。

　A・Bが、同じ内容に対する批判を表していることは、明らかである。

　この二つの表現では、一般には対義的だととらえられている「あと」と「さき」が、文脈上同義的な役割を果たしているということになる。どうしてこのようなことが起こるのであろうか。語用論（プラグマティックス）の面で、恰好の問題として論じられている。

　結論を先取りして言えば、動作の主体である人間が、「時の流れに並行して進んでいくか」、逆に、「時の流れに逆らって進んでいくか」、という観察者の立場からの観点の違いによるものである。

　前者、つまり「時の流れに並行して人が進んでいく」状況について考えてみよう。人は、過去から現在を通り過ぎて未来へと向かっていくのであるから、向かっていく方向に「ある」ととらえられ、これから接点の生じる［とき］は、当然未来の［とき］を表すことになる。従って、すでに過ぎ去った、すなわち過去に属する［とき］は「あと」となる。これを空間的な位置関係に置き換えれば、未来に属する［とき］

は、これからその［とき］と接するという意味で当然前方にあり、過去に属する［とき］は後方にあるということになる。空間的な位置関係における、前と後ろの関係と対応する。

未来に属する事態を「さき」ととらえる用法は、

・実効性のある案が見いだせず、結論を<u>さき</u>に延ばす。

・自動運転のできる車が実用化されるのは、まだ<u>さき</u>の話だ。

・事故で両親を同時に失ってしまった子の<u>さき</u>が案じられる。

などがある。

過去に属する事態を「あと」ととらえる用法は、

・台風が通り過ぎた<u>あと</u>の被害状況を調べる。

・朝食の<u>あと</u>に決まって散歩にでるのを日課にしている。

・試験に落ちて不勉強を悔やんでも、<u>あと</u>の祭りだ。

などがある。

次に後者、つまり、［とき］の流れに人が向かっていく状況について考えてみよう。人が［とき］の流れに向かって進んでいくのであるから、現在だととらえられる時点が、［とき］の流れのいちばん前に位置するととらえられ、従ってそれに続く未来の［とき］は「あと」だということになる。一方、人とすれ違って過去へと流れ去った［とき］は、すでに再現することが不可能な状態にある、ということから、「さき」ということになる。

現在という時点ですれ違った、これからやってくる［とき］は、必然的にすでに通り過ぎた［とき］よりもさらに「あと」からくる［とき］だということになる。また、それとは逆に、すでに過ぎ去った［とき］は、「あと」からやってくる［とき］に対して「さき」に行ってしまった［とき］ということになる。

未来に属する事態に「あと」を用いた用法には、次のようなものがある。

・面倒な仕事は<u>あと</u>にまわし、簡単に済むことから片づけてしま

おう。

・<u>あと</u>のことを後輩にまかせて、引退しよう。

・私の責任でやれることはここまでだ、<u>あと</u>は野となれ山となれとしか言いようがない。

などである。

　過去に属する事態に「さき」を用いた用法には、次のようなものがある。

・<u>さき</u>の選挙では与党が圧倒的な勝利を収めた。

・ここ数十年の推移は<u>さき</u>に述べたとおりである。

・転ばぬ<u>さき</u>の杖で用心するに越したことはない。

などがある。

　こういう観点の違いがもとになって、「あと」と「さき」が文脈上、同義的に使われる状況が生じるのである。

2 「かもしれない」は50％の確率か

1－0 はじめに

外国人に日本語を教えている教師の中には、「～かもしれない」という表現は、ある事の実現する可能性がフィフティーフィフティーであるといった説明で済ませようとする者がいる。ある場合には、こういった説明で通ることもあるが、「かもしれない」の用法を広く観察すれば、フィフティーフィフティー、つまり、50％の確率だなどといった安易な説明が的外れであることに気付かされる用法は決して少なくない。

1－1 フィフティーフィフティー？

たとえば、海外旅行に出かける者が、乗る飛行機を含めて何らかの事故に遭遇することもあり得ないことではないといった理由で、旅行期間中の傷害保険に加入することは珍しいことではない。その際、保険に加入する者が、事故に遭遇する確率が50％もあるなどと本気で思ったら、そんな危険な旅行をあえてしようとは思わないであろう。無事故で旅行ができるだろうとは思いながらも、万が一の事態を想定して保険を掛けるのが一般ではないだろうか。

2−1 「雨が降るかもしれない」

　フィフティーフィフティーの意味を確率の問題ではなく、二者択一の事態を表していると考えれば、たとえば、明日の天気について、雨が降るか降らないかといったことについての判断であれば、降る、降らないの、どちらかであることになるので、フィフティーフィフティーといった説明がまかりとおることになるだろう。雨が降ることについての確率の問題とすれば、一方、ほぼ100％と言ってよいほど、確率の高い場合もあれば、また一方には、ほとんどゼロに近い場合もある。それを両極として、その中間的な事態を含めて「雨が降る」ことの実現の可能性を否定することができなければ、「かもしれない」を用いて「明日は雨が降る<u>かもしれない</u>」、また、「明日は雨が降らない<u>かもしれない</u>」のどちらの表現も、客観的な事態に対応した適切な表現として成り立つのである。つまり、「かもしれない」は、確率が50％であるといった判断も含めて、あることの実現性を否定する積極的な根拠がなければ、予測されるどのような事態に対しても、広く使えるのである。

2−2 金メダルの可能性

　とは言うものの、一度もスケート靴を履いたことがない大学生に、「彼だってこれから努力すれば、オリンピックで金メダルぐらいとれる<u>かもしれない</u>」といった判断を下すことは、論理的には誤りだとは言えないが、現実の問題としてとらえれば、全く想定することが不可能だと見るのがごく自然な見方である。従って、情報内容が著しく真実味に欠けることになり、あえて表現したところで、聞き手に対するアピール度がほぼゼロに近いということで、わざわざ表現することも

ないだろう。

　つまり、あることの実現について無理なく想定し得る事柄についての判断の形式として用いられるということであり、「かもしれない」を使えるかどうかの可否は、確率の問題としての50％であるかどうかには、直接のかかわりはないことだと言えよう。

2－3　有責性の回避

　あることの実現の可能性を全面的には否定できない、という条件があれば、その事柄を「～かもしれない」といった表現で表すことができる。従って、結果としては、実現しなかった場合でも、誤った判断であったということにはならず、「うそをついたではないか」と、その発言に対して責任を負わされることもない。そのような点からか、ある事態の実現に対して確信がない場合に、有責性を回避する気持ちをこめて、「かもしれない」を使うこともあり得る。

　たとえば、勤務時間を過ぎてから他の部署からやってきた人に、「田中さん、まだいる？」と問われたような場合に、実際に帰ったか社内にいるのか、確かめるための手段を用いることもなく、「今夜は用事があると言っていたから、もう帰ったかもしれないね」などといった受け答えをすることがある。もしも、「帰った」ということが事実に反していたとしても、単に一つの可能性を述べたにすぎないということで、責任を負わされることはない。

　「～かもしれない」が、有責性を回避する表現としての効果を発揮するという点に関して着目すれば、同じような傾向は、「～らしい」についても認められる。ここで取り上げる「らしい」は、「春らしい陽気」とか「スポーツマンらしい身のこなし」といった「らしい」ではなく、「もう雨は止んだらしい」「近いうちに人事異動があるらしい」など、一般に、何らかの根拠に基づいて推測を下すという、判断辞（学

校文法でいう助動詞）の「らしい」についてである。この「らしい」も、結果としては間違っていたとしても、一般にその責任を負わされることはない。それは次のような事情によるものであろう。

2−4　助動詞「らしい」に見られる有責性の回避

　たとえば、窓際に座っている林さんが、窓の外が見えない席にいる佐藤さんから「雨、まだ降っていますか？」などと問われた場合、「うん、まだ傘をさして歩いている人がいるね。だから、まだ降っているらしいよ」と応じたとする。その判断が結果としては誤っていたとしても、自分に雨が降っているという判断をさせた「傘をさしている人」の存在が自分の判断を誤らせたのだ、ということで責任をまぬかれることができる。

2−5　「かもね」

　「かもしれない」は、自分の発言や態度などについての「有責性の回避」を表す表現に用いられるという点に関連して、日常の談話の中で、自分にとってはそれほど興味・関心がない、また、どうでもよいことだ、といった態度を表すのに用いられることがままある。
　たとえば、ママさんバレーのクラブの懇親会に、「やめた人も入れて 20 人くらいは来るかしら」といった問いかけめいた発言に対して、「そうねえ、そのくらいは来るかもね」、また、冷たく降る雨を見つめて、「この分だと夜には雪になるかな」「う〜ん…かもね」と、「かもしれない」を極端に圧縮した形で用いられることもある。
　発話者の意識としては、当人にとっては、あれこれ意見を述べるほどの価値もないことだ、といった感情を含意していることが多い。

3 「なければならない」と「なければいけない」

1 はじめに

A 車を運転するものは、道路交通法を守らなければならない。

B これから人に会う用事があるので、そろそろ会社を出なければいけない。

の、A・Bの「なければならない」と「なければいけない」を相互に置き換えて、

A″ 車を運転するものは、道路交通法を守らなければいけない。

B″ これから人に会う用事があるので、そろそろ会社を出なければならない。

と言ったとしても、両者の情報内容に明確な差異があるとはとらえにくい。従来、この種の表現は、助動詞の「べきだ」などとともに「当為の表現」として扱われるのが普通であった。文法に興味のある高校生などでも、「当為とは何ぞや」という疑問に遭遇し、「何だかよくわからない」といったままにしてしまうことが多かったようだ。ここでは、「当為」とは、「まさに…とすべきである状態だ」といった意味を表すものだということに意識が向けられるようになるのは、基本的な漢文法の学習が済んでからのことであったと筆者自身も記憶している。なお、「当為」は、ドイツ語ＳＯＬＬＥＮ〔＝哲学で「…すべきこと」〕の訳語、「存在」の意を表すＳＥＩＮに対立する概念を表す語として、旧制高校生の議論に多用された語である。

上の A、B に限らず、「なければならない」と「なければいけない」
を入れ替えても、表現された事柄自身に、明示的な違いがあるとはと
らえにくい用法はいくらでもある。たとえば、「今月は住民税も納め
なければならないし、洗濯機も買い替えなければいけないので、何か
と出費がかさむ」、「今日は入院した上役の見舞いにも行かなければな
らなかったし、取引先の○○さんとも会わなければいけなかったし、
一日中、ひどく忙しかった」など、「…ならない」と「…いけない」
を相互に置き換えても、実質的な伝達内容の違いがあるとは言えなそ
うな例は枚挙にいとまがない。

2　両句は同義か―「なければならない」の用法

　この二つの表現形式を、相互に入れ替えても表現内容、つまり意味
に変わりがないようにとらえられるということは、両形式が同義であ
るということを物語っているのだろうか。両句を子細に観察してゆく
と、必ずしも相互に置き換えることができない、つまり、文法的には
置き換え得ても、意味の面で同義だとは必ずしもとらえられない例に
出会うことがある。

　いわゆる三段論法で、「すべての動物は一度は必ず死ぬ　⇒ヒトは
動物である　⇒（したがって）ヒトはいかに不老不死を願っても必ず
死ななければならない」という判断に至る。前提条件は差し置いて、
帰結の部分の、「死ななければならない」を「死ななければいけない」
に置き換えると、「死ななければならない」とは、かなり違った意味
を表すものとして受け止められる。

　前者、つまり、「死ななければならない」が宿命的なものであって、
他に選択の余地のない事柄を表しているのに対し、後者「死ななけれ
ばいけない」では、生きていることが世のためにはならないなどといっ
た含みを帯び、生きることを拒否するかのような意味を表していると、

多くの人に受け止められるようだ。

　今とりあげた三段論法の例をはじめ、個個人の意志による選択の許されないような事柄、つまり、普遍的だと考えられる真理、社会的通念としてそうすることが要求される事柄などは、一般に「〜なければならない」の形で、表現される。

　たとえば、人命にかかわる災害が生じた場合など（つまり、トリアージが問われるような場合）「人命救助を第一に考えなければならない」と言う方が、「なければいけない」と言うよりも、いわば至上命令であるかのように、優先順位第一位に位置づけられるといった語感で受け止められると感じる人が多数を占めるようだ。

　これは、そのような慣習があるのだということかもしれないので決定的な判断材料とはしにくいが、管見の及ぶ範囲においては、法律用語としては、「〜なければならない」しか認められていないようだ。なお、法律用語に関しては、文体的な問題が絡んでいるという点は、考慮する必要がある。元来、文章語である法律の条文が、法律としての的確性を見極める立場にある内閣法制局の意向を伝統として組み入れている可能性は、十分にあり得る。つまり、「〜なければいけない」に比して、「〜なければならない」の方が、より文章語的な文脈で用いられる傾向があるのかもしれない。

3−1　「なければいけない」の特徴

　逆に、「なければいけない」の方が「なければならない」よりも一般である用法も見られる。たとえば、太り気味の人間が健康診断を受けた機会などに、医者から「太り過ぎですね、もっとやせるようにしなければいけませんよ」と注意されるような場合である。おそらく、この文脈における医者の発言として、「もっとやせるようにしなければなりませんよ」とは、ならないであろう。仮に、そのようにすると、

太り気味の人間に対する強制力が非常に強くはたらいた表現だと受け止められると、感じる人が多いようだ。

また、歯医者が「虫歯を予防するためには、夜寝る前にも歯を磨かなければいけないねえ」と患者に要望するであろう。つまり、この文脈で「夜寝る前にも歯を磨かなければならないねえ」といった形式の要望を期待するのは、一般には考えがたい。

たまたま、上記の２つの例が健康にかかわるものであったが、それとは限らず、相手に対する勧告などに用いる形式としては、「〜なければいけない」が「〜なければならない」よりは、はるかに優勢である。「社会人になると、なかなか本を読む時間もなくなるから、学生時代に、できるだけたくさん読んでおかなければいけないと思うよ」、「後で面倒な問題が起きないように、正式に謝罪をしておかなければいけないだろう」などが、それにあたる。

３－２　その場の状況に応じた最善の選択

前述の、太り過ぎが原因で成人病にかかったり、日常の手入れを怠って虫歯になったりしても構わないというのなら、また、教養や知識のなさを嘆いたり、人間関係が損なわれたりすることを意に介さないというのなら、やせることや、歯の手入れをすること、また、本を読んでおくこと、しかるべく謝罪をしておくことなどに意を用いる必要はないということになる。ということは、「〜なければいけない」は、いくつかの選択の可能性がある中での、「最善の選択」を表すのだという含みが強いということを物語っている。

３－３　禁止表現とのかかわり

このことは、一方において、選択される条件のある行為を禁じる表

現と対応することがある。たとえば、禁煙であることに気が付かずに
煙草を吸っていた者は、そこが禁煙区域であることに気が付いたなら、
当然のこととして、煙草を吸ってはいけないのであるから、煙草を吸っ
ていた場合には、「煙草を吸うことをやめ<u>なければいけない</u>」という
ことになる。

　禁止表現の「〜てはいけない」の「いけない」は、単独でも「この
子はいたずらばかりしていて、<u>いけない</u>子だ」「土足で部屋に上がっ
たのを見咎めて、<u>いけない</u>ことをした子を親が叱った」など、何らか
の点で「することが許されない」ことをして、叱責の対象となる状態
を表すことができるが、その形容詞の「いけない」の意味が、「〜な
ければいけない」の形で、形容詞句を構成する「いけない」にも色濃
く投影されていると見ることができる。

　当然、「〜てはいけない」と判断できる状況であることに気付けば、
それを回避する方向に向かおうとするであろう。そしてその一つの方
向が「〜なければいけない」によって表される可能性があるというこ
とである。

4　まとめ

　可能な限り、対応する状況や場面を想定して二つの句の差異を述べて
きたが、結論として、以下の三項にまとめることができる。

（1）「<u>なければならない</u>」は、一般に行為の主体である動作者が、
　　　自己の判断によって恣意的に選択できる可能性がきわめて乏し
　　　い事柄を表すのに用いられる。つまり、普遍的な道徳観・倫理
　　　観や、一般に公認されている事実などや、自分の意志によって
　　　は変えることができない運命的な事態などは、一般に「なけれ
　　　ばならない」で表す対象となる。

（2）「<u>なければいけない</u>」は、置かれた場面状況に、行為の主体

がどのような態度で臨もうとするかによって選択の余地があり、「最善の選択だ」ととらえられる事態を表すのに用いられる。

（3）建前としての使い分けは、上述の（1）（2）であるが、現実の生活感覚との対応関係から見れば、（1）（2）の別はそれほど厳密には守られていない。個人的な使い癖に属する問題ではあるが、やたらに「なければならない」を多用したりする人がいる一方で、「なければいけない」を連発する人も現実に実在する。

4 「おざなり」と「なおざり」について

1 はじめに

A　そんなおざなりの言い訳が通ると思っているのか。

B　事故を起こした会社の経営者は、なおざりの謝罪に終始する
だけであった。

　両語は、本来すべきだとされることが、十分にされていない状態を
表すのに使われるという面で、共通している。

　「おざなり」「なおざり」の両語を仮名で表記した場合、それぞれの
語を構成している単位となる拍（＝かな一文字で表される単位）が同一
であって、その配列の順序が違っているだけだという、形の類似性が
ある。両語を理解語彙としては獲得していても、その意味の異同がわ
からないという人が意外に多い。

　意味の面から見れば、両語に共通する要素がないわけではないが、
使い分けに困惑するほどの紛らわしさがあるとも思えない。思うに、
両語は、語彙の自然習得の段階では、接する機会があまり期待できず、
一般に、言語形成期を過ぎてから何らかの形で接することが多く、な
んとなく文脈から意味を推測したままで、その理解が適切なものかど
うかについて、辞書に当たるなどして確認することを怠った結果、両
語の使い分けが曖昧なままにされてしまうのであろう。

　理解語彙の一つとしては接する機会があっても、使用語彙の一つと
して話し手自身が使うということは、高校生くらいまでの段階では減

多に無いと予測される。

2 「おざなり」の意味用法

　まず、「おざなり」について見てみよう。ここで、語源的な問題に
立ち入るつもりはないが、漢字を当てれば「御座なり」と表記される
ように、「座」は、対人関係を構成する何らかの場面であり、「なり」
は「親の言いなりになる」の「なり」と同じく、あえて主体性を発揮
することなく、その場の状況に従うという意味であると解してよいと
判断される。

　具体的な用法について見てみれば、

　他者の提案に対する意見を求められて、特に批判する必要もないと
思って、「大筋においては、よろしいんじゃないかと思いますと、お
ざなりの返答をした」。

　市役所の担当の係員が、市民から持ちこまれた苦情について、「ど
ういう結果になるかはわかりませんが、一応検討させていただきます
と、おざなりの応対をする」。

　あまり親しくもない同僚のつれあいが入院したという話を聞いて、
「『それはご心配なことでしょう』と、おざなりのことを言った」。

　上役の聞きたくもない説教染みた話を聞かされて、「『有益なお話あ
りがとうございました』と、おざなりを言って後ろを向いて舌を出し
ていた」。この場合の「おざなりを言う」は、「おざなりのことを言う」
の意と解される。

　このように「おざなり」は、相手から受けた何らかの行為、特に言
語行為に対して、半ば、義務的・儀礼的に応じる言語行為を表す。義
務的・儀礼的であるということは、自分が相手を無視してはいないと
いう意思表示ができていればよいのであり、形式さえ整っていればよ
く、その内容は問題にされないことが多い。

40 —— 4 「おざなり」と「なおざり」について

　その種の対応は、その場しのぎ、またはその場逃れのものであったり、適当に口をついて出てきた言葉を並べたいい加減なものであったり、よく考えていないという意味で、何ら誠意が感じられないことも多い。

　いくつかの現行国語辞典の「おざなり」の扱いは以下のとおりである。

　　　辞書Ａ……その場のまにあわせ（にするようす）。いいかげん。
　　　辞書Ｂ……その場かぎりのまにあわせ。いい加減。
　　　辞書Ｃ……誠意のない、その場かぎりの間に合わせであること。

　現行の国語辞典で、「その場の間に合わせ／いい加減だ／誠意がない」などという語釈は、文脈の解釈としては的外れではないが、単に「おざなり」の近似的な意味を表す言葉に言い換えているにすぎず、意味そのものを明確にとらえて表そうという意欲は感じられない。

3　「なおざり」の意味用法

　次に「なおざり」について考えてみよう。

　　　① ギャンブルにうつつを抜かして家業をなおざりにする。
　　　② 今回の事件は、国際信義の上からもなおざりにするわけにはいかない。
　　　③ 友達との約束をなおざりにしていて、どうしてくれるんだと問い詰められた。

　①は、本来もっと精をださなければいけない家業をおろそかにするという意味で、当然しなければいけないと思われることをせずにいる状態を表している。「クラブ活動に力を入れるのもよいが、肝心の勉強をなおざりにしてはいけない」の「なおざり」も同様である。

　②は、大した問題ではないなどと、放っておくと、国際的に非難される恐れがあり、何らかの対処が必要である、ということを表してい

4 「おざなり」と「なおざり」について —— 41

る。「どこにも悪いところはないはずだなどと言って、健康管理にな
おざりな態度をとっていたのが裏目に出た」の「なおざり」も同様で
ある。

　③は、もっと誠意のある態度で臨むべき状況に置かれているのに、
きちんとした対応をせずにいて、相手から厳しく問い詰められて窮地
に立たされた状況を表している。

　ここでなんとかしなければと苦し紛れに何かをすれば、それは、所
詮その場しのぎのもの、つまり「おざなり」のものにならざるを得な
いであろう。言ってみれば、当然すべきことを「なおざり」にしてい
た結果、苦肉の策として「おざなり」の策を弄するということになる
のである。ここに両語の意味が取り違えられたりする可能性が生じる
と推測される。

　なお、「おざなり」は、相手を必要とする行為にしか使えない。そ
れに対して「なおざり」は、必ずしも相手を必要とはしない。

　「彼は必要な手続きをなおざりにしていて、折角とった資格を無効
にしてしまった」のように、相手を必要とする行為についても用いら
れる一方、「健康管理をなおざりにしていて、がんに気づいたときに
はすでに手遅れであった」のように、必ずしも特定の相手を想定する
ことが不可能に近い用法もある。

　いくつかの現行の国語辞典の「なおざり」の扱いは以下のとおりで
ある。

　　　辞書A……真剣に取り組まないようす。いいかげんにほうってお
　　　　くようす。
　　　辞書B……余り注意を向けず、いい加減にするさま。おろそか。
　　　辞書C……物事を軽くみて、いい加減にしておくこと。おろそか。
　「いい加減に（するようすだ）／おろそか」などといった語釈で済
ませているが、これも「おざなり」と同様、意味の本質にまともに取
り組んでいるとは感じられない。

5 「たま」と「まれ」

1 はじめに

辞書A

「たま」…そのような事例に出会うことがめったになく、例外
　的なことだととらえられる様子。

「まれ」…めったに無くて、珍しい様子だ。

辞書B

「たま」…物事がまれに起こるさま。

「まれ」…たまにしか起こらないこと。めったにないこと。

　A辞書、B辞書ともに、実現性そのものは否定していないが、起き
る可能性をきわめて低いものだととらえている点では共通している。
しかも、B辞書では「たま」の語釈に「まれ」を、「まれ」の語釈に「た
ま」を用いて、両語の意味の弁別を曖昧にしているのは、辞書のあり
かたとしていかがなものであろうか。

　この二つの辞書に見られるように、語の意味の差異が曖昧なのは、
一般の使用者にとっても同様で、どう違うのかと問われても即答しか
ねることが多いようだ。外国人に対する日本語教育に従事する者に
とっても、この両語の違いを明示的な形で学習者に説明するのは、か
なり困難なようであり、従って説明を受ける外国人にも疑問が残る結
果になることがままあるようだ。

両語には、先に述べたような共通性が認められるが、その用法を細部にわたり観察すると、いくつかの差異が指摘できる。

2 「たま」と「まれ」の用法の違い

一つは、文体的な問題である。「たま」の方は、口頭語としてごく日常的に用いられるが、「まれ」の方は、必ずしも日常語とは言えない。一部の慣用的な表現を除いては、やや文章語的な文脈で用いられる傾向がある。

品詞論的な面からみると、「たま」は「たまの〜」の形で連体修飾の形をとるか、「たまに（は）〜」の形で連用修飾として用いられるのが一般であり、絶無とは言えないが「〜はたまだ」という表現は一般には用いられない。このように、全体としては形容動詞型の語形変化の特徴が見られるものの、活用形には偏りがあり、形容動詞としてはかなり不完全である。

一方「まれ」は、「まれな〜」形で連体修飾、「まれに〜」の形で連用修飾として用いられるほか、「〜はまれだ」と述語としても用いられる。また、それとの関連で、「〜はまれで」のような連用中止法としても用いられる。つまり、形容動詞としての文法的な性格がかなり明瞭である。

「たま」には、その「たま」の程度に限定を加える語、たとえば、「ややたまに〜」「ひどくたまに〜」といった用法はない。それに対して「まれ」の方は、その「まれ（さ）」加減を強調する「きわめてまれだ」「ごくまれだ」などの用法がふつうに見られる。

3 「まれ」について

個々の用法について見てみよう。

①「彼女は世にも<u>まれ</u>な美女である」
②「彼は鉦^{かね}や太鼓で探しても見つかりそうもない、<u>まれ</u>に見る好青年だ」

①の「まれな美女」、②の「まれに見る好青年」は、どちらも絶無とは言えないまでも、現実の存在は、ほとんど期待し得ないといった感覚で、対象となる「美女」や「好青年」をとらえている状況を表していると判断できる。

①②の「まれ」の代わりに、「たま」を代入すると、

③「彼女は世にも<u>たま</u>の美女だ」
④「彼は鉦や太鼓で探しても見つかりそうもない、<u>たま</u>に見る好青年だ」

ということになるが、③は非文とは言えないまでも、なんとも落ち着きの悪い表現であり、「<u>たま</u>にしかいない美女だ」とでもするほうが、表現としては受け入れやすくなる。

しかし、そうすると問題とするような美女の存在を否定的にとらえようとしているのか、肯定的にとらえようとしているのか、表現主体の状況に対するとらえ方が曖昧になる。肯定的な立場にあるならばそれでよいが、そうでない場合には、その存在の希少価値を減じることになりかねないという点で、強いていえば、肯定しようとする響きが強いという感がある。

また、④は、「好青年」の置かれた状況を述べている「鉦や太鼓で探しても見つかりそうにない」という「見つかる」可能性の低さを含意する表現と、「<u>たま</u>に見る」という文言が、その度数は多くないにせよ、実現の可能性を含意する表現とが噛み合わず、表現主体の真意がとらえがたいという印象を抱かせそうな表現である。

⑤「この病気は感染しても発症に至るケースはきわめて<u>まれ</u>だ」
⑥「彼は、フィクションの世界でも起こりそうもない<u>まれ</u>な事件に遭遇してしまった」

5　「たま」と「まれ」——　45

⑤⑥、どちらも実現の可能性そのものは否定し得ないとしても、現実に起こることはまずないと言ってよい状況を表している。これも前と同様に「まれ」を「たま」に置き換えてみると、

　　⑦「この病気は感染しても発症に至るケースはきわめて<u>たま</u>だ」
　　⑧「彼は、フィクションの世界でも起こりそうもない<u>たま</u>の事件
　　　に遭遇してしまった」

　⑦は「<u>たま</u>にしかない」であれば、自然な表現として受け入れられるが、「きわめて<u>たま</u>だ」は、非文とまでは言い切れないにせよ、一般に許容される表現とはとらえにくい。⑧の「<u>たま</u>の事件」も、「たまにしか起きない事件」ならばともかく、一般に容認される表現とは言いがたい。

4　「たま」について

　「たま」の用法として、ごく自然に受け入れられる例には、以下のようなものがある。

　　⑨「いくら丈夫な私でも、<u>たま</u>には体調を崩すことがある」
　　⑩「<u>たま</u>の休日なので、家族とともに過ごしたい」
　　⑪「仕事に追われ、好きな釣りも<u>たま</u>にしかできなくなった」

　これらは、度数は低いものの、実現すること自体は肯定できるという観点に立っている。

　①②⑤⑥の用例を通して、「まれ」は、ある事態が実現する可能性がゼロとは言えないまでも、きわめて低いととらえられる状況に置かれていると、話し手が判断しているということがうかがえる。

　それに対して、⑨⑩⑪の「たま」は、その可能性は低いものの、実現そのものは肯定的にとらえていると言うことができる。

5 まとめ

冒頭に挙げた現行の辞書の記述も、上の考察をもとに以下のように改めるべきである。

「たま」……あることの実現について、度数は決して多いとは言えないものの、その実現が十分に予測できる様子。

「まれ」……可能性が絶無とは言えないが、実現がほとんど予測できないと、とらえられる様子だ。

また、前にも触れたように、一般に「たま」の度合を表す副詞、たとえば、「ひどく」「かなり」「やや」などが「たま」と共起することはないが、「まれ」のほうは、「ひどく」「きわめて」など、その否定的な度合いを示す副詞と共起することが決して珍しくない。

「たま」はその実現の可能性が高いとは言えないまでも、例外的だと言えるほどではない。従って「たま」が用いられる場面や状況は、その実現の度合いが低いなりに、ある程度限定されていることによるものだとみられる。

それに対して「まれ」は、その実現の可能性がほとんどゼロに近いととらえられる状況から、ある程度は予測し得る状況まで、種々の段階が想定されるのであるが、表現主体の意図は、その希少性を強調しようとすることにあるので、実現の可能性の低さを際立たせるための、いわばレトリックとして、「ひどく」「きわめて」などと共起しやすいのだととらえることが可能である。

つまり、「たま」は、ある事態の実現を積極的、また、肯定的にとらえようとしているのに対し、「まれ」は、可能性としては全面的に否定できないまでも、その希少性を強調し、実現の可能性が限りなくゼロに近いということを述べようとする点に意味の重点が置かれている。

6 「見える」と「見られる」、「聞こえる」と「聞ける」

1 はじめに

A 天気のよい日には、このビルの屋上から富士山がよく見える。

B 天気のよい日には、このビルの屋上から富士山がよく見られる。

A、Bの「見える」「見られる」は相互に置き換えても実質的な差異はあまりない、つまり、両語は同義的だと、とらえられそうであるが、実際にそうであろうか。

2-0 「見える」と「見られる」

「見える」も「見られる」も、多義的である。ここでは何らかの意味で可能の意を表す用法に限定して両語の意味用法の違いを問題にする。従って、「向こうから来るのは田中君のように見える」「事件は解決したかのように見えた」などのように、そのように判断することが十分に可能だといった意味を表す「見える」、「先生が会場に見えた」のような、「来る」の意を表す尊敬語「見える」や、「さっきまでここにいたはずの山田さんが急に見えなくなった」などといった、その存在が認知できる意を表す「見える」も、ここでは扱わない。

また、「あられもない恰好を人に見られた」のような「見る」の受身の意を表す「見られる」、必ずしも一般的ではないが、「先生もテレ

ビで熱心にサッカーの試合を<u>見られていた</u>」といった尊敬の用法「見られる」なども、ここでは扱わない。従ってここで扱う「見える」も「見られる」も、可能表現の一種ととらえられるものだけに限られる。

2−1　「見える」について

　「見える」は、対象物が見る行為を行う人間の視力のおよぶ範囲内に存在すること、また、対象物との間を遮る障害物がないこと、適度な明るさがあること、適度な大きさを備えていること、結果として、対象物の方向に目を向ければ、好むと好まざるとにかかわらず視野に入り、そして、その対象物の存在を認知することが可能な状態にあることを「〜が見える」というのである。そういう点から見て、一部の人が「見える」を「自然可能」と呼ぶのも一理あることだ。

2−2　「見えない」について

　上記の「見える」が、動作の主体にとって「見える」事態が実現する条件が満たされなければ、「ここからでは遠すぎてよく<u>見えない</u>」「大きなビルが建ち並んでかつてはよく見えた富士山が<u>見えなくなった</u>」「洞窟の中は暗くて何も<u>見えない</u>」「小さくて肉眼ではほとんど<u>見えない</u>」などと、「見える」状況を否定した「見えない」ということになるのである。

　このことは、行為の主体が対象となるものを「見よう」という意志を働かせるかどうか、また「見たい」という欲求を実現させようとするかどうかにはかかわりないことである。そのことを裏返して言えば、「見る」対象物と「見る」行為を行う人間の間に、何ら制約がないという前提に立っているということである。

2−3 「見られる」について

　それに対して「見られる」というのは、「見る」対象物と「見る」行為を行う人間との間に、何らかの制約が存在することを前提として、見る行為の実現性を問題にしているのである。

　たとえば、熱帯に自生するランの花を日本で見よう、また、見たいと思った際に、

　　　C　この熱帯原産のランは、日本では温室に行けば見られる。

と、「見える」ではなく「見られる」が用いられるのである。時間的制約の多いサラリーマンが見よう、また、見たいと思ったテレビ番組について、

　　　D　見られないテレビ番組を録画しておいて、休みの日に見るの
　　　　　を楽しみにしている。

と、Cと同様、「見られる」を用いている。また、連日観覧者で混雑していた展覧会に関して、

　　　E　悪天候のせいか、会場は比較的空いていて展示物がよく見ら
　　　　　れた。

と、「見られる」が用いられ、また、ＢＳ放送の受信には対応していない旧来のテレビについて、

　　　F　この旧式のテレビでは、ＢＳ放送は見られない。

と、「見られない」が用いられる。

　C、D、E、Fの「見られる」は、「見える」に置き換えることができない。見る対象物と見る行為を行う人間との間に何らかの制約が存在するということは、状況によっては、意志や欲求どおりには、見る行為が実現できないということを表している。

　　　G　駅に通じる通りに出ると、正面に大きな時計が見えてくる。

　Gでは、駅に向かおうとしている動作主が、まっすぐ前を見る、つ

まり駅の方を見ると、好むと好まざるとにかかわらず、駅の大きな時計が視野に入ってくる状態に置かれていることを表している。まさに、自然可能な状態と言ってよいであろう。

一方、「駅に通じる通りに出ると、正面に大きな時計が見られるようになる」も、客観的な条件は前の例文と同じではあるが、たとえば、当人が時計を忘れて家を出て、時刻が気になったような場合に、時刻を知る手段としてその時計を見よう、また、見たいといった、動作主の意志や欲求が色濃く感じられる。

　　H　高速道路沿いのやたらに目についたどぎつい看板が、いつからか見られなくなった（×見えなくなった）。

Hの「見られなくなった」は、「見えなくなった」と置き換えると、問題の目障りな看板が何かに隠れて視野に入らない状態になったといった意を表すことになり、看板そのものが撤去されたのであれば、単に「見えなくなった」ではなく、「なくなった」というところであろう。

例文Hの「見られなくなった」は、また今回も目障りな看板を目にしなければならず、不快な思いをさせられるのか、といった予測に反する結果になったという、話し手の心理的な側面も加味した表現だととらえられる。

2-4　「見える」と「見られる」の差異について

「見える」は、行為の主体の意志や欲求とはかかわりなく、2-1で挙げたような条件が満たされて、自然に対象物が視野に入る状態にある、ことを表す。

それに対して「見られる」は、行為の主体が何かについて見ようという意志を働かせたり、見たいという欲求を抱いたりした際に、その意志や欲求が実現できる状況にあることを表す。

3－0 「聞こえる」と「聞ける」

　　A　この高原のホテルでは、毎朝小鳥の声が<u>聞こえる</u>。
　　B　この高原のホテルでは、毎朝小鳥の声が<u>聞ける</u>。
　A、Bの「聞こえる」「聞ける（「聞く」の可能動詞形）」は、相互に置き換えても、実質的な差異はほとんどないのではないかと思われる。
　「聞こえる」と「聞ける」は、どちらも外界で発せられた音や声が、聞く行為を行う人の耳に達し、その音や声を認知することができる状態にあることを表しており、その点では、両語ともに可能の意を含意するととらえられる。

3－1 「聞こえる」について

　「聞こえる」は、対象となる音や声（以下、「音声」と簡略して表示する）が、聞く行為を行う人の聴力の及ぶ範囲内に存在すること、問題とする音声の認知を妨げるような異質の音声が存在しないこと、適度の音量があること、という条件が満たされ、結果として、聞く行為を行う人が、その音声の存在を聴覚器官を通して認知することが可能な状態にあることを、「～が聞こえる」というのである。その点で、「聞こえる」を「見える」と同様に、「自然可能」と呼ぶのも一理あることである。

3－2 「聞こえない」について

　従って、上記の「聞こえる」が、動作の主体にとって「聞こえる」事態の実現する条件が満たされなければ、「講師の声が小さくて、こ

の席ではよく**聞こえない**」と言って前の方に席を移す。「さわがしくて、駅のアナウンスが**聞こえない**」「川の対岸で何かを叫んでいるが、遠すぎてここまでは**聞こえない**」などと、聞こえる状況を否定した「聞こえない」ということになるのである。

　この点においても、「見える」に対応し、行為の主体が、対象となる音声を「聞こう」という意志を働かせるかどうか、また、「聞きたい」という欲求を実現させるかどうかには、かかわりのないことである。このことを裏返していえば、聞く対象となる音声と、聞く行為を行う人間の間には、なんら制約はない、という前提に立っているのである。

3-3　「聞ける」について

　それに対して「聞ける」というのは、聞く対象となる音声と、聞く行為を行う人間との間に、何らかの制約が存在することを前提として、「聞く」行為の実現性を問題にしているのである。

　たとえば、「このラジオは AM 放送だけでなく、FM 放送も**聞ける**」（×聞こえる）は、ラジオの性能として FM 放送が聞ける機能も備えていることを表している。つまり、音源をキャッチできる性能の有無を問題にしているのである。「意外と早く世を去り、あの名人芸だと評されていた噺も、**聞け**なくなった」の「聞ける」も同様である。

　また、「急な高熱で寝込み、世界的な巨匠の演奏が聞けなかった」（×聞こえなかった）の「聞ける」は、対象とする音声をキャッチすることができるかどうかを問題にしているのであり、この例文では、何らかの事情に妨げられて、その音声がとらえられない状況にあることを表している。

　「同時通訳のおかげで、リアルタイムで月に降り立った宇宙飛行士の声が**聞ける**時代になった」（×聞こえる）の「聞ける」も、内容の理

解まで含めて、問題とする音声が無理なくキャッチできる状況にあるということを表している。

「まわりがうるさくて、田中先生の講演は、あまりよく聞けなかった」（○聞こえなかった）

の「聞ける」は、対象とする音声が何かに妨げられることなく耳に達し、その内容をとらえることが可能な状況にあることを表しており、ここでは、雑音によって妨げられ、必ずしも意図通りには聞く行為を実現することができなかったということを表している。「聞こえなかった」は、100％聞き取ることが可能な状態ではなかった、つまり、雑音に妨げられて十分には聞き取れない部分があった、ということを表しているのである。

「あまりにもみすぼらしい旧友の恰好を見て、その理由を聞くに聞けなかった」の「聞ける」も、心理的に抵抗感がなく、聞くことができることを表し、ここでは逆に、聞くことをためらわせるほど相手がみじめだったと言おうとしているのである。

聞く対象となる音声に対して、「聞こう」、また、「聞きたい」という意志や欲求が働いた場合、その意志や欲求どおりにそのことが実現する状況にあるかどうかを述べる場合に、「聞ける／聞けない」が用いられるのである。

「運転中、車内で聞けるように、ラジオの歌謡番組をテープに録音しておく」。この文で「聞ける」を「聞こえる」に置き換えることは、一般に無理であろう。

「学生時代に△△先生の講義を聞こうと思いながらも、必修科目と重なってとうとう聞けずに終わった」の「聞けず」は欲求どおりに事が実現することができなかった状況に置かれたということを表している。

3−4 「聞こえる」と「聞ける」の差異について

「聞こえる」は、行為の主体の意志や欲求にかかわりなく、**3−1**で取り上げた条件が満たされて、自然に音声が耳に入る状態にあることを表す。

それに対して、「聞ける」は、ある音声について、行為の主体が「聞こう」という意志を働かせたり、「聞きたい」という欲求を抱いたりした際に、その意志や欲求が実現する状態にあるということを表す。

7 場所を表す「で」と「に」について

1 場所を表す「で」と「に」の用法

　・居間でテレビを観る。

　・居間にテレビを置く。

の、助詞「で」と「に」が何らかの意味で事物の存在する場所を表す
機能をはたしていることには異論がない。一部の人は、この「で」と
「に」について、相対的に「で」はより広い場所を、「に」はより狭い
場所を表すといった説明をしている。特に、外国人への日本語教育関
係の解説書によく見受けられる。

　A．庭で木を植える。

　B．庭に木を植える。

のどちらも、一定の条件を満たせば、日本語の表現として成り立つ。
とすると、「A」の庭の方が「B」の庭よりも広い場所を指すなどと
いうことは、比較の基準も明示されていない表現において、判断する
ことはおそらく不可能であろう。

　一文の中で、「食堂で食卓に皿を並べる」「書斎で壁にカレンダーを
貼る」のように、「で」と「に」がともに現れる場合には、確かに食
堂の方が食卓より広い場所であると推測できる。しかし、後の方の文
で書斎と書斎の壁面の面積を比べて、どちらの場所の方が広いかなど
と論じることは、どう考えても無意味である。

　「で」と「に」が広い狭いといった関係でとらえられるのは、「食堂」

と「食卓」のように、「で」によって表される対象がそれなりの広がりのある場所を表し、「に」によって表される場所がその一部に存在するといった条件を満たしている場合に限られるのである。「公園でベンチに腰を下ろす」「広い教室で教壇に立つ」といった用法については、いかにも広い狭いといった解釈が成り立ちそうに見える。しかし、こういった解釈は、必ずしも一般化できるものではない。

2 「で」と「に」の用法の差異

「で」と「に」の差異について、広い狭いといった解釈が的を射たものでないことは、次の例によって明らかである。たとえば、

　　① 父は今、庭に木を植えている。
　　② 父は今、庭で木を植えている。

のふたつの表現は、統計的にどちらの形式が多く用いられるかという点については、考慮する余地はあるが、①②とも自然な日本語の表現として成り立つ。では、ふたつの表現にどのような違いがあるのだろうか。

3 「で」の用法

他に表現形式に制約を与えるような条件がなければ、おそらく①の方を用いるほうが、多いのではないかと推測される。②の表現を用いるのは、それなりの条件に支えられている場合だと推測される。

たとえば、問題の父に来客があって、応対に出た息子に「お父さんは？」と尋ねたような場合、「父は今、庭で木を植えています」で、それを聞いた客が「あっそう、それじゃ庭に回ろう」と言って、勝手知った友人の家の庭に向かうといった場面が思い描ける。

では、なぜ、「庭に」ではなく「庭で」が選ばれたのかということ

について、考えてみたい。この場合、応対に出た息子にとって、客に対する最も大事なことは、父の居場所に関する情報を的確に伝えることである。そのために、「庭に」ではなく「庭で」が選ばれたのだと考えるべきであろう。

ということは、「庭で」の「で」が、場所は場所でも行為の主体（この場合は父親）が、何らかの動作を行う場所に注目した発言であるととらえられる。

この種の「で」は、「図書館で本を読む」「畑で野菜をつくる」「デパートで買い物をする」「フランスで絵を学ぶ」などの「で」もすべて、行為の主体が何らかの動作を行う場所を表している。

4 「に」の用法

それに対して①の「庭に」の「に」は、行為の主体が何らかの動作を行った結果、その動作を向ける対象となったものが、結果として存在する場所を表すととらえるべきである。①では、植えるという行為を行った結果、植えられた木が結果として存在する場所が「庭」であるということを表しているのである。

従って行為の主体が何らかの動作を行う場所と、行為の結果として変化を受けた対象物が存在する場所が異なれば、当然、「父はベランダでプランターに菊の苗を植えた」のように、それぞれ機能の異なる「で」と「に」が現れることになる。

5 「で」と「に」を述語とする文の構造

こう考えれば、①も②も「父は今、庭で庭に木を植えている」という形式が、基底構造として存在し、上のように、「ＸでＹに〜する」という基底構造において、Ｘ＝Ｙの場合に、より重点の置かれる方

が表層構造に残り、他方が消去されると考えれば合理的に説明がつく。

　上の①は行為の結果「木」が存在する点に着目した表現であり、②は動作主の父が植える行為を行う場所に着目した表現だとみることが可能になる。

　日本語の表現の慣習としては、一般に、X＝Yの場合には、「Yで」が消去されて「Xに」が表されるという傾向があるのだとみてよいであろう。

6　文構造からみた「で」と「に」の差異

　このような行為の主体が、何らかの行為を行う場所を「〜で」で表し、その動作の結果、その対象となった事物が存在する場所を「〜に」とすることは、次の例にも見られる。

　　③信号が変わったので、交差点の手前で車を止める。

は、明らかにドライバーの行動に着目した表現であり、

　　④地下の駐車場に車を止める。

は、止める行為の結果、止められた車の存在する場所を表しているのである。

　「デパートで三面鏡を買う」「寝室に三面鏡を買う」の「で」と「に」についても同様である。

7　場所を表す「に」の用法の多様性

　ここでは「で」と対比される「に」に絞って問題を取り上げてきたが、何らかの行為を受けるかどうかにかかわりなく、事物の存在する場所を表すのに「に」が用いられることは、次の点からも明らかである。

　　⑤田中君が学校に来る。

⑥ 山田君が船に乗る。

⑦ 電車の網棚に荷物を載せる。

⑧ 机の引き出しに大事な書類をしまう。

⑨ 夕日が西に沈む。

においては、それぞれ⑤は来る行為の結果、田中君が学校にいること
を表し、⑥は船に乗った結果、山田君が船中にいることを、⑦は載せ
た結果、問題の荷物が電車の網棚にあることを表し、⑧はしまった結
果、大事な書類が机の引き出しの中にあることを、⑨は日が西に沈ん
だ結果、夕日が西の方にあることを表している。

このように見れば、基本的には、事物の存在する場所と存在すると
いう現象そのものを表す「どこになにがある／いる」という、表現形
式が深い関連性を持っていることが、推察できる。

8 「で」と「に」をめぐるいくつかの問題

⑩ 門の前で車を止める。

⑪ 門の前に車を止める。

⑩も⑪も、運転者が車を止めるという行為を行ったのが門の前だと
いうことを表している。たとえば、対向車とすれ違う場合に一時的に
止めたということもあるし、人や簡単な荷物の積み下ろしのために一
時的に停車した場合であることも表している。

一方、⑪は、何らかの必要があって門の前で車を止めたのである。
その結果、止めた車が門の前にあることを表している。一般には、運
転者が車を離れてどこかへ行くなど、ある程度の時間、問題の場所に
車が置かれたままになることを表している。

従って、自分の車に便乗した人を下ろすために車を止めたような場
合には、「友人の家の近くで車を止めて、彼を下ろしたあと、どこど
こへ向かう」となり、また、「買い物をするために、デパートの地下

の駐車場に車を止める」といった形になるのが一般的である。

前者は運転者がすぐに運転を再開することができる状態にしたまま止まる状態を表しているのに対し、後者は、一般には運転者も車を離れ、すぐには運転できない状況にある状態を表している。

⑫ 今、弟は湾岸エリアでビルを建てている。

⑬ 今、弟は湾岸エリアにビルを建てている。

⑫は弟が単に労働者として働いている感じだが、⑬は弟が建設会社の社長、あるいは、ビルのオーナーであるかのような印象を受ける。

⑭ 誰々は～で橋を架ける工事をしている。

⑮ 誰々は～に橋を架ける工事をしている。

⑭は、動作の主体である「誰々が」、実際に「橋を架ける」工事現場に身を置いていることを表すのに対し、⑮の場合は、「で」と同じ意味合いで用いられる場合もあるにはあるが、実際の工事に従事しているというよりは、その工事を請け負う側の立場にあることを表している含みが強くなる。つまり、その工事を請け負った会社や、その会社の一員として、現場監督の任に当たるなどといった、その工事を請け負う側のありかたを表しているという含みが強くなる。

「で」と「に」の問題に絡んで、外国人の日本語学習者が犯しやすい誤りに、本来「どこどこに勤める」と言うべきところを、「どこどこで勤める」ということがある。これは、「働く」という動詞が、働いている場所を「で」で表し、「どこどこで働く」という表現からの類推かと思われる。

たとえば、「役所／会社／病院　で働く」といった用法から類推して、「教師として学校で勤める」「薬剤師の資格を取って、薬局で勤める」などと、「勤める」を「働く」と同義的にとらえ、同じ構文を用いてよいのだという錯覚を抱きやすいことが原因だと考えられる。

ところが、動詞「勤める」は、具体的に成し得る能力を提供している場所を表すのではなく、どういう働き方をするか契約によって定め、

何らかの労力を提供するために、その組織の一員となること、つまり、その組織の一員として存在する、ということを表しており、「誰がどこにいる」と基本的には変わらない構造なのである。こうした両語の差異に注意を向けさせないと、正しい表現形式を会得させることが難しくなるのではないかと推測される。

8 「汗を拭く」と「顔を拭く」

1 はじめに

　半年ほど前のことであったが、国広哲弥氏（以下、敬称を略し、単に国広とする）から神奈川大学言語研究センターの紀要にお書きになった論文を添えて、私信をいただいた。プライベートな部分は省き、本論にかかわる『新明解国語辞典（第五版）』についての御指摘を要約すると、以下のようなものであった。

　1．『新明解国語辞典』が重要度の高い動詞の基本構文の型を取り上げたことは高く評価できる。

　2．個々の動詞の扱いについてはいくつか疑問もある。その一つに「拭く」がある。「汗を拭く」と「顔を拭く」の助詞「を」は、前者が＜対象格＞であって、後者は＜場所格＞であるにもかかわらず、その区別が表示されていない。その点については、両者を区別している『明鏡国語辞典』のほうがよくできている。

　確かに『新明解国語辞典（第五版)』の「拭く」の項には

　　　〈なにデなにヲ―〉

と構文が表示されており、国広の指摘するように、＜対象格＞と＜場所格＞の違いは明示的には示されていない。〈…なにヲ―〉の「なに」に＜対象格＞と＜場所格＞の両者を含めたつもりでいたが、用例には「手を―／机の上を―」（―は見出し語に相当する語が来ることを示す）とあるだけで、＜場所格＞に当たる用法しか示されていないという欠

陥があった。最近出版された第六版の第二刷以降は、

　　　　構文　　〈なにデなに・どこヲ―〉
　　　　用例　　「汗を―／手を―／机の上を―／ガラスを―」

と改め、国広の指摘にも応えた改善が施された。

　『新明解国語辞典』に関してはひとまず措き、よくできていると評された『明鏡国語辞典』に目を向けよう。

2　『明鏡国語辞典』の「拭く」の項と意味格

　『明鏡国語辞典』（以下、『明鏡』と略記する）の「拭く」の項は以下のようである。見出しや漢字表記、活用形式、また、可能動詞形など、本論と直接のかかわりのない部分は省略する。

　　①布・紙などを使って物の表面に付着した水分や汚れを取り去る。
　　　ふきとる。ぬぐう。「ハンカチで汗を―」《筆者注、―の意味は
　　　上記『新明解国語辞典』と同じ》
　　②ふくことによって、汚れた場所をきれいにする。「タオルで顔
　　　を―」「雑巾で廊下を―」
　　●語法　①は～ヲに＜対象＞を、②は＜場所＞をとる。

　国広がよくできていると評したのは、語法の注記部分のみなのか、①②と語義を二項に分けた点をも含むのか。語義を二項に分けた、つまり多義として扱った点には疑問を感じるとした筆者に、特に返事はいただいていないので、何とも判断しかねる。語法の注記部分のみならば、筆者にも異論はないのだが、多義性を認める点をも含むとなると、いささか納得しかねる。

　意味格という術語は用いていないが、＜対象＞＜場所＞といった国広の言う意味格の差異が意味の違いに反映される―正確には意味の差異が意味格の差異にも反映される―ということはあり得ることではあるが、動詞「拭く」に関してはそうは言えないのではないかという

ことである。

　ここで、意味格という概念について説明しておこう。国広 (1997) は、

　　従来の国語辞典ではまったく扱われていないけれども、動詞の
　　項目では必要に応じて文型の記述をするのがよいのではないかと
　　思われる。文型というのは、どういう種類の「名詞＋助詞」の組
　　み合わせが動詞と共に用いられるかを示すものである。ここで言
　　う名詞の種類とは、共に用いられる動詞の意味との相関関係に基
　　づいて決められる少数の意味的なタイプのことである。英文法な
　　どで「主格・目的格」のように「格」が用いられることがあるが、
　　その「格」を流用してここでも意味的なタイプを「意味格」と呼
　　ぶことにする。これは最近は認知格と呼ばれることもある。以下
　　では単に「格」といえば意味格のことである。たとえば「私は鎌
　　で草を刈った」という文では、「私は」が動作主格、「鎌で」が道
　　具格、「草を」が対象格である。同じ名詞でも共に用いられる動
　　詞が違えば違った格を帯びることがある。「道を作る」の「道を」
　　は対象格であるが、「道を歩く」の「道を」は場所格である。(中略)
　　同じ「手をたたく」でも、拍手をする場合の「手を」は道具格で
　　あり、子供などの手をおとながたたくような場合は対象格である。
　　(p.112)

さらに、

　　意味格はつねに名詞と動詞の意味的な相関関係によって決めら
　　れる。場合によっては幾通りもの可能性があり、どれともはっき
　　り決められないことがある。たとえば「シーツにくるまる」の「シー
　　ツに」は対象格・場所格・道具格のどれを当てはめてよいかはっ
　　きりしない (山梨、1994、2)。同じような格のゆれは英語にも見
　　られる (Schlesinger, 1995)。場合によっては意味の具体度を強め
　　て「容器格」、「原因格」、「材料格」などを認めるのが適切に思え
　　ることもある。すでに触れた「動作主・対象・場所・道具」の諸

格はもっとも基本的なものとして普遍的に認められようが、それ
以外にどれだけの格を認めれば文型の記述に最適であるかは今後
の考察にまたなければならない。意味格に何を認めてよいかはっ
きりしないから意味格の考えかたは捨てるべきだという考えかた
もあり得るが、筆者は、捨てないで育てて行く方向を取っている。
（p.113）

と述べている。上記引用の記述からうかがえるように、意味格が動詞
の意味と相関的な関係にあるという以上のこと、つまり動詞の意味に
制約を与えるものであるかどうかという点にまでは及んでいない。意
味格といった考え自体を容認したとしても、国広自身も述べているよ
うに、理論的にどれだけの格を設定すべきかなど、残された課題が多
すぎる感がある。抽象の度合いを高めて少数の意味格に限定すれば、
構文論的な枠組みを単に意味論的な視点から翻訳したにすぎないもの
になりかねない。また、個々の動詞に負わされた意味の多様性に着目
して、問題の動詞の意味から必然的に共起する名詞［句］の意味・機
能上の対応関係にこだわれば、恣意的に際限なく多種多様な意味格を
認めなければならないといったことも予測される。

　意味格の問題は本論の趣旨ではないので、論ずべき問題点は他の機
会に譲り、本題に戻ることにするが、最後に一点だけ確認しておこう。
それは、意味格の違いが動詞の意味の違いを反映したものだという保
証は何もないということである。

　論点を『明鏡』が「拭く」を意味格の違いに対応させて二義として
扱ったことの是非に戻そう。

3　「拭く」の意味

　動詞「拭く」が用いられる状況を構成する要素を考えよう。
　「拭く」動作は、一般に人間の意図的な行為であることが前提となり、

そこに

A.「拭く」動作を及ぼす対象となる面。その面のあり方からみて好ましくない、また、不要なものが付着していることが条件。

B.「拭く」動作によってAから取り除かれる好ましくない、また、不要なもの。

C.「拭く」動作を成り立たせる手段＝道具として用いられるもの。

このA・B・Cの三つの要素が整って「拭く」動作が成り立つ。この三つの要素はどれか一つ欠けても「拭く」動作の成立を不可能にするものであり、いわば、深層レベルにおける必須要素であるといってよい。A・B・Cの発話レベルで考えられる具体物で示せば、

A. 顔・手・足や机・ガラス戸・廊下など。

B. 一般に汚れととらえられるものや不要な水分など。

C. 布・紙など、多くは柔らかく、かつ吸水性のあるもの。

である。「拭く」動作は、一般には、

Aから B を取り除くことを目的としてCをAに当て、Bの存在する箇所に行き渡るように、前後左右などにこするように動かす。

と言ってよかろう。Bのありようによっては、単にCをAの特定の箇所に押し当てるようにするだけでもよいこともあり得る。「こするように」といっても、その圧力の強さはAの質的な面（固いか柔らかいか、丈夫かもろいかなど）やBの付着の強度などによって決まることで、この程度の力だと限定することはできない。

A・B・Cの三つの要素が一文に盛り込まれれば、

（1）CでAのBを拭く……ハンカチで顔の汗を拭く／雑巾で床の汚れを拭く etc.

となる。また、表層的にはAが欠落している

（2）CでBを拭く……ハンカチで汗を拭く／雑巾で汚れを拭く etc.

も、当然、「（顔）の汗」「（廊下）の汚れ」、あるいは「（額の）汗」「（食

卓の）汚れ」などと、Aの存在を含意していると解すべきであり、B
が欠落している

　　　（３）CでAを拭く……ハンカチで顔を拭く／雑巾で床を拭く
　　　　　etc.

も、「顔（の汗）」「床（の汚れ）」などと、Bの存在を含意していると
とらえなければならない。三つの必須要素が盛り込まれた（１）に対
する（２）（３）の用法は、表現主体の視点の置き方の違いとして説
明し得るものであり、「拭く」の意味の違いを示すものでは決してない。
取り除かれるべき対象としてのBに視点を置いて表現したものが（２）
であり、結果として好ましい状態に復元されるAに視点を置いて表現
したものが（３）であるということにすぎない。

　ここで、『明鏡』に立ち戻ってみると、

　　　①布・紙などを使って物の表面に付着した水分や汚れを取り去る。
　　　　ふきとる。ぬぐう。「ハンカチで汗を―」

は、上の（２）に相当するものであり、当然、「汗」の認められる何
かの面（たとえば、顔）を含意しているものととらえなければならな
い。「ふきとる」「ぬぐう」を同義的な語として取り上げたのか類義的
な語として示したものか、曖昧な点があるのは見過ごすとしても、肝
心の「拭く」動作に関して、「布・紙などを使って」とあるだけで、
どのような使い方をするのか、その様態が示されていないのは大きな
欠陥と言わざるを得ない。

　　　②ふくことによって、汚れた場所をきれいにする。「タオルで顔
　　　　を―」「雑巾で廊下を―」

は、①以上に納得しかねる。（３）に相当する用法であることは用例
を通して察せられるが、そうであるとすれば、①と別義だとする根拠
を失う。「ふくことによって」の「ふく」は①の「拭く」意を指すと
しか考えようがないが、①の「拭く」を手段とした「汚れた場所をき
れいにする」動作が①と対立する「拭く」意であるとすることに異議

を唱えたい。語用論的には「顔を拭く」「廊下を拭く」といった句に含意される意図として「きれいにする」ことを目指すことは認められるが、動詞「拭く」自体に負わされた意味ではない。このことは、

　　汚れた食卓を拭いてきれいにする。

　　赤ちゃんの口元を拭いてきれいにする。

といった表現が重言の感を抱かせないで通用することからも証明される。「きれい」な状態の出現は結果、つまり「拭く」動作によって「Aがきれいになる」のであったり、「きれいにする」状態の出現を「拭く」動作の目的としたりするのである。従って、②は

　　きれいにすることを目的として「拭く①」を行う。

とでも修正されるべきである。そうだとすれば、①にその動作の目的が付加されただけだということになる。①自体も、その目的としては「きれいにする」ことを含意している場合が一般であると推測されるので、①②と語義を二分することはまったく無意味なことであるという結論に達する。

　　②の「きれいにする」という表現を便宜上許容してきたが、これもやや適切さを欠いている。確かに「きれいにする」意図に基づくことがあるのは事実であろうが、常にそうだとは言いきれない。

　　湯上りの体をよく拭く。

この場合は、果たして「きれいにする」ととらえてよいものか。その意味でこの「きれいにする」は一面的なとらえ方だという譏りは免れまい。

4　「拭く」に関連する『明鏡』の二、三の問題

　「拭く」と同様、表現主体の視点をどこに置くかによって動詞自体の意味には変わりがないのに、異なる意味格をとる語に「塗る」がある。「塗る」動作は、「壁を塗る」のような建造物の構造の一部を作る

意を除けば、

　　何かの面に液体や液状のものを刷毛などを用いて、こすりつける
　　ようにして付着させる。

という動作であるが、結果として、また、意図するものとして、それ
までの表面を覆い隠すことになる。そのような違いに対応するかのよ
うに、

　　（１）塀にペンキを塗る……塀に（場所格）　ペンキを（対象格）
　　（２）塀をペンキで塗る……塀を（対象格？場所格？）　ペンキで
　　（材料格）

の文型があるのに、『明鏡』では色か塗料かそれ以外かといった観点
から語義を分けているだけで、（１）（２）の別については用例にも語
法注記にも示されていない。

　「しぼる」も具体的な動作と比喩的な転用に応じた語義区分はなさ
れているが、「拭く」の記述から当然のこととして期待される、

　　（１）胡麻の油をしぼる。
　　（２）ぬれたタオルをしぼる。

といった、「〜を」の意味格の違いについて何の言及もなく、

　　強くねじったり押しつけたりして含まれた水分などを取り去る。
　　また、そのようにしてそのものに含まれる液体を取り出す。「洗
　　濯物を絞る」「オリーブの実を搾って油を採る」「袖を絞る（＝涙
　　にぬれて泣く）」「乳牛から乳を搾る」

と、漢字表記に対する配慮に重点が置かれ、「しぼる」と共起した句
に含意される意を、「取り去る」「取り出す」と動作の目的の違いに応
じて記述されるだけである。

　最後にもう一例挙げる。動詞「葺く」は、

　　（１）屋根を茅で葺く。
　　（２）屋根を葺く。
　　（３）茅を葺く。

など、意味格にこだわれば、微妙に差異のある文型があるのに、

　　板・茅・瓦などで屋根をおおう。「トタンで屋根を─」
と記されているのみ。

5　おわりに

　小さい問題点とささやかな批判をもとに、あれこれと述べ立ててきたが、今更のように辞書作りの難しさ恐ろしさを思い知らされた。国広見解は、「拭く」の意味格に対する点に関しては的を射たものであるが、私見によれば意味記述にまでは及んでいない。賞賛の対象となった『明鏡』も、「拭く」を除いては、意味格に対する配慮が行き届いているとは言いがたい。辞書に求められる整合性といった見地からは、まだまだ改善の余地が多々ある。

　結果的には揚げ足取りに終始することとなったが、辞書作りの職人を自負する筆者自身への戒めとしたい。

参考・引用文献
　国広哲弥（1997）『理想の国語辞典』（大修館書店）
　山梨正明（1994）「日常言語の認知格モデル（1）〜（12）」、「言語」1月号〜12月号（大修館書店）

9 形容詞述語文の構造について
―「が」の機能を中心に―

1 格の消去現象

　形容詞述語文の構造を考える前に、動詞述語文に見られる現象についてみてみよう。動作主「A」が「木を植える」行為を行う事象をとらえた際、

┌ 1　Aが　庭<u>ニ</u>　木を植える
└ 2　Aが　庭<u>デ</u>　木を植える

1、2の二つの表現が考えられる（二つの表現のうちどちらがより一般的かという点はここでは論じない）。この二つの表現の差異は、以下のように説明できる。1は、動作主「A」が「木を植える」行為を行うことによって、植える対象の木が結果として存在する場所に視点を向けた表現であり、2は、動作主「A」が「木を植える」行為を行う場所に視点を向けた表現である。つまり、1は、動作主によって変化を受ける対象のあり方を述べることに主眼を置いた表現、2は、動作主のあり方を述べることに主眼を置いた表現だととらえられる。
　「庭ニ」の「ニ」は

　　　・黒板ニ字を書く／壁ニポスターを貼る／棚ニ物を載せる

などの「ニ」と同じ機能を有し、「庭デ」の「デ」は

　　　・図書館デ本を読む／デパートデ洋服を買う／食堂デ昼食をとる

などの「デ」と同じ機能を有する。このことは、動作主が動作を行う

場所と動作を受ける対象の結果として存在する場所が異なる場合には、

　　　3　Aが　庭デ　植木鉢ニ　木を植える

のようになることからも証明される。

　3から、1や2も深層構造（本論は Generative Grammar の理論に基づくものではないが、この用語を借用する）においては、

　　　4　Aが　庭デ　庭ニ　木を植える

であると考えられる。一般化すれば、

　　　5　ダレが　ドコ1デ　ドコ2ニ　木を植える

となるのである。この際、

　　　ドコ1＝ドコ2

のときには、表層構造（この用語も上述の「深層構造」と同じ）では「ドコ1デ」または「ドコ2ニ」のどちらか一方が消去される現象が生じると考えるのである。この現象を「格の消去現象」と呼ぶことにする。

　どの格が消去されるかは、表現主体の視点の向け方によって決まることであろう。上の「木を植える」を述語部とする表現においては、表現主体の視点、つまり叙述の狙いが「木」に置かれるためか、量的には1の表現の方が一般に広く用いられている。

　　　┌ 6　［スポーツとして］プールデ　泳ぐ
　　　└ 7　［移動の手段として］川ヲ　泳ぐ

も、それぞれ深層構造においては

　　　┌ 6′　プールデ　プール（のコース）ヲ　泳ぐ
　　　└ 7′　川デ　川ヲ　泳ぐ

であるものが、表層構造で6、7になったものと解釈できる。両者の差異は述語「泳ぐ」行為のあり方にかかわるものだと説明できる。即ち、前者は水泳の場としてのプールに視点があり、プール内のコースが「泳ぐ」ルートとなることは自明のこととして敢えて表現しなかったのであり、後者は移動の経路としての川に視点を置いた表現なので

ある。

  8 デパート<u>デ</u> 洋服を買う
  9 郊外<u>ニ</u> 土地を買う

は、それぞれの深層構造においては、

  8′ デパート<u>デ</u> 自分のところ<u>ニ</u> 洋服を買う
  9′ △△<u>デ</u> 郊外<u>ニ</u> 土地を買う

であると考えられる。前者において「〜ニ」が消去されたのは、一般に自己の所有物として買うことが自明なことによるという理由からであろう。後者において「〜デ」が消去されたのは、「土地を買う」行為が他の買い物と異なり、表現主体の視点、つまり関心が所有権の移った物件の所在地にあり、「買う」行為を行った場所はさほど問題視されないことによるということからであろう。「買う」行為を行った場所を明示する必要性があれば、

  10 大阪<u>デ</u> ハワイ<u>ニ</u> 土地を買う

のような表現の用いられることが十分に予測される。

  11 ドコ1<u>デ</u> ドコ2<u>ニ</u> △△を買う

のように、

  ドコ1 ≠ ドコ2

であっても、その一方の消去される場合があるのは、認知対象の性質の差異、つまり9、9′、11 の買う行為の対象となった土地は、一般に他の行為を向ける対象のように変形・変質などを受けることなく、隣接する他の所有者の土地と境界を保ったままの状態で存在し続けることに基づくものだと考えられる。

2 格の転移現象

 格の消去現象に関連して、「格の転移現象」とでも言うべき現象に言及しておく。

74 —— 9　形容詞述語文の構造について

　客観的にはまったく同一の事象を表すのに、

　　　┌12　壁ニ　ペンキヲ　塗る
　　　└13　壁ヲ　ペンキデ　塗る

の二つの表現がある。この現象を説明するには、述語「塗る」の意味を考慮するのが有効のようである。動詞「塗る」はその意味特徴として、

　　　　a　［行為を受ける対象としての何かの面の存在を前提とする］
　　　　b　［その面に直接的に働きかける、多く液状で粘着力のあるものの存在を前提とする］
　　　　c　［その表面に広くbの条件を満たしたものを付着させる］
　　　　d　［その動作を行うことによって、何かの表面を覆い隠す］

などの要素を有する。a、bを前提条件として何かの面に変化を及ぼす行為を表すわけだが、dはcの結果であったり目的であったりする。その点で、意味の中心はdよりcにあるということができる。12は意味特徴cに対応した形の構造を表したもので、

　　　　・壁ニ写真ヲ貼る／腕ニ包帯ヲ巻く／犬ニ首輪ヲ付ける

などと同種の構造である。また、13は意味特徴dに対応した構造で、

　　　　・自動車ヲカバーデ覆う／顔ヲ手デ隠す／穴ヲ土デ埋める

などと同じ構造である。どの種の意味特徴に視点を置いたか、換言すれば、認知方法の差異が反映した結果として、異なる表層構造が生じたものだと解釈することができる。

　この種の現象は次のような場合にも見られる。
「矢」「弓」「的」を素材とし、述語「射る」を用いた表現として、

　　　┌14　矢ヲ　　射る
　　　│15　弓ヲ　　射る（手段格の転移・消去）
　　　└16　的ヲ　　射る（手段格融合）

の三つの異なる表現があり得る。「～ヲ」の形で対象格として取り上げられた要素に他の格的要素を補えば、

$$\left[\begin{array}{l} \text{14}' \quad \text{弓デ} \quad \text{矢ヲ} \quad \text{的ニ} \quad \text{射る} \\ \text{15}' \quad \text{弓ヲ} \quad \text{的ニ} \quad \text{射る} \\ \text{16}' \quad \text{弓／矢デ} \quad \text{的ヲ} \quad \text{射る} \end{array}\right.$$

となろう。14′では、変化を受ける対象「矢」に対して、「弓」は手段を、「的」は到達点（変化を受けた結果、矢が存在する場所を示す点では「庭ニ木を植える」や「壁ニペンキを塗る」の「ニ」と同じ機能を有する）を表している点で、「矢」「弓」「的」の三つの素材間の関係が格の関係として、文構造の上に明示されている。ところが、15′になると、到達点が「的ニ」と表されるのみで、本来の変化を受ける対象の「矢」は手段を表す「弓」に吸収・消去され、「弓」が変化を受ける対象へと転移したため、格の関係としてそれを表現面に明示することができなくなる。16′では、「的」に視点が置かれ、それを変化を受ける対象としたことによって、「弓・矢」は手段を表す格へと転移し、しかも「矢を弓につがえて」のような形をとらなければ、一文の中に共存することも不可能になっている。素材に対する認知方法の差異に基づく格の転移と見られる現象は、しばしば見られることで、

$$\left[\begin{array}{l} \text{17} \quad \text{臼デ} \quad \text{蕎麦ヲ} \quad （\text{粉ニ}） \quad \text{挽く} \\ \text{18} \quad \text{臼デ} \quad \text{粉ヲ} \quad \text{挽く} \\ \text{19} \quad \text{臼ヲ} \quad \text{挽く} \end{array}\right.$$

$$\left[\begin{array}{l} \text{20} \quad \text{タオルで} \quad \text{顔ヲ} \quad \text{拭く} \\ \text{21} \quad \text{タオルで} \quad （\text{顔の}）\text{汗ヲ} \quad \text{拭く} \end{array}\right.$$

など、数多くその例を見いだすことができる。

３−０　形容詞（形容動詞も含む）述語文の構造

　動詞述語文を例にとった、１で扱った諸現象を参考に、文法論的な視点に意味論的な観点を加え、形容詞（形容動詞も含む）述語文の構造について考察する。

3-1 「象ハ　鼻ガ　長い」の従来の構文論的解釈

「象ハ　鼻ガ　長い」については、従来大きく二つの解釈が支配的であった。

　　その1……「象ノ　鼻ガ　長い」の「象ノ」が主題化され、「象ハ」
　　　　　　　となる、という解釈。[三上章 (1963)、久野暲 (1973)
　　　　　　　など]

　　その2……「象ハ　鼻ガ　長い」を

$$
\underset{\text{総主語}}{\underline{\text{象ハ}}} \quad \underset{\text{述語}}{\underline{\underset{\text{主語}}{\text{鼻ガ}} \quad \underset{\text{述語}}{\text{長い}}}}
$$

　　　　　　　と分析するもの。[草野清民 (1901)、以後継承する説が
　　　　　　　多い]

1，2ともに疑問点が多く、にわかに納得し難いものである。その疑問点を列挙すれば、1については、

　a　「XノY」の「Xノ」が主題化され、「Xハ」となるという現
　　　象は動詞述語文では認め難く、一般には「Xノハ」となること
　　　が予測される。その点で、形容詞を述語とする上記のような表
　　　現にだけ現れる主題化現象を想定するのは不自然な解釈なので
　　　はないだろうか。

　b　構造の類似する
　　　・私ハ　彼ガ　憎い／彼ハ　ジャズガ　好きだ
　　　などについては、「私ノ」「彼ノ」が主題化され、それぞれ「私
　　　ハ」「彼ハ」となったという解釈が成り立たないことが明らか
　　　である。

　c　結局、「Xノ　Yガ　形容詞述部」の「Xノ」が主題化され
　　　て「Xハ」になるという解釈が成り立つのは「X」と「Y」の
　　　間に論理学で言う包摂関係がある場合に限られ、形容詞述語文

に広く適用できるものではない。

2については、

 d 「主語」とは何かについての見解が常識の範囲に留まり、述
  語に対する文法機能が明示されていない。

 e この流れを汲む説には「この本ハ　私ガ　昨日買った」の「こ
  の本ハ」までも大主語［＝総主語］とするものがあり、主語の
  定義が一層曖昧になっており、文法論の問題として主語を考え
  ているのか疑わしくなる。

などの点が挙げられる。

　従来の説の中で注目されるのは、「Xハ　Yガ　形容詞述部」の「Y
ガ」を「Xハ」による主語と区別し、「対象語」とした考え［時枝誠
記（1941）］である。この考えは「Y」の意味機能に着目した発想で、
筆者の見解と通じる点があり、「Xハ　Yガ　形容詞述部」全体の構
文論的な解釈が明示されていたらと、惜しまれる。

3－2　機能の異なる二つの「ガ」

　筆者の考察によれば、「象ハ　鼻ガ　長い」の「象ハ」は「象ガ」
が主題化されたもので、主題化される以前の文構造は「象ガ　鼻ガ
長い」であるとすべきである。この点については、

 1 「どこ<u>ガ</u>　夏涼しいか」
  「△△高原<u>ガ</u>　夏涼しい」⇒「×　△△高原<u>ハ</u>　夏涼しい」
 2 「だれ<u>ガ</u>　歌<u>ガ</u>　うまいか」
  「林さん<u>ガ</u>　歌<u>ガ</u>　うまい」⇒「×　林さん<u>ハ</u>　歌<u>ガ</u>　うま
  い」

といった、主題化される可能性のない表現では「△△高原ガ」「林さ
んガ」と「ガ」がそのまま現れることによって裏付けられる。

　「象ガ」の「ガ」は、文法論的には主語を表すものであると捉える

ことは差し支えないが、意味論的な面からその性格を見れば、述部「長い」に対するその「長い」という性質や状態の所有主を表す。一方、「鼻ガ」の「ガ」は主語ではなく、述語「長い」の認知対象が「鼻」であることを表しているのである。その点で、表現は異なるが、先の時枝説と同じ立場に立つ。

一般化すれば、形容詞述語文の深層構造は

・X ガ1　Y ガ2　形容詞述部

であり、構造上の機能を異にする二つの「ガ1」と「ガ2」が想定されるということになる。

「ガ1」は、文法論上の主語として、述部によって表される属性（文脈によっては性質・状態、あるいは主体が抱く情意など）の「所有主」を表す。

「ガ2」は、述部によって表される性質・状態などの「認知対象」を表す。「認知対象」とは、具体的には、情態形容詞にあってはその性質・状態の認められる部位、情意・感覚形容詞にあっては情意・感覚を抱く対象を表す。

```
┌ 3　田中さんの家ハ　広い
└ 4　田中さんの家ハ　庭ガ　広い

┌ 5　この大学ハ　立派だ
└ 6　この大学ハ　図書館ガ　立派だ
```

3，4も5，6も、共に深層構造は「X ガ　Y ガ　広い／立派だ」と考えられる。表層構造の差異は、

```
┌ 3′　田中さんの家ハ　（そのすべての部分ガ）広い
└ 4′　田中さんの家ハ　庭ガ　広い

┌ 5′　この大学ハ　（その全体ガ）立派だ
└ 6′　この大学ハ　図書館ガ　立派だ
```

と対比することから分かるように、3，5では、表層構造において「Yガ」が消去されたことによって生じたものである。

上の例から、「X ガ 1　Y ガ 2　形容詞述部」の構造において、「X ＝ Y」、つまり問題とする性質・状態などの認知対象が「X」のすべてにわたる場合には、「X」「Y」のどちらかが消去される現象が生じると解することによって、3と4や、5と6の差異を合理的に説明できることになる。

　　　7　この川ハ　（そのすべての箇所ガ）　深い

　　　8　その荷物ハ　（どの部分をとってもそのすべてガ）　重い

　　　9　雪ハ　（どの部分であるかに関わりなくそのすべてガ）　白い

などは、（　　）に示した「Y ガ 2」が消去された例である。ここで考えておかなければならないことは、「Y」が問題とする事物の性質・状態の認知対象を示すということから、当然形容詞述語の意味特徴自体を内包するということである。従って、上の（　　）内は、それぞれ

　　　7′　そのすべての部分の深さガ

　　　8′　その全体の重さガ

　　　9′　そのすべての色ガ

と修正されるべきである。一方、表層構造においては、形容詞述語によって表される性質・状態などのみが「Y」に相当するものとして現れる場合もある。具体的に示せば、次のような場合である。

　　┌10　血ハ　（そのすべての部分の色ガ）　赤い
　　└11　血ハ　（そのすべての部分の）　色ガ　赤い

また、形容詞述語によって表される性質・状態などがその所有主「X」に包含されれば、

　　　12　血の色ハ　（そのすべての部分の色ガ）　赤い

のようになる。

　「Y ガ 2」が消去されるのは、必ずしも「X ＝ Y」の場合とは限らない。

　　┌13　彼女ハ　（顔ガ）　美しい
　　└14　彼女ハ　　目ガ　美しい

13のように、主体が女性であれば、述部「美しい」の認知対象が一般に容貌であるという社会通念に基づいて、自明のこととして敢えて明示されなかったものであると考えられる。このことは、容貌以外に着目した表現では14のように「Y ガ 2」が示される点からも裏づけられる。

「X ガ 1」が消去された例としては次のようなものが考えられる。

15　「高いね」
　　「何ガ？」
　　「(この店で売っている品物ガ)　値段ガ　高いね」

15の例についても言えることだが、一般に「X ガ 1」の消去される条件としては、「X」が何であるか容易に判断される場面・状況が備わっていたり、文脈から容易に推測され得たりすることが挙げられる。とすれば、この種の「X ガ 1」は消去されたととらえるよりは、発話段階で単に省略されたと見る解釈も成り立ち得る。

「Y ガ 2」が消去されるという解釈は、他の格的要素が付加された形容詞述語文においても成り立つ。

16　彼ハ　わたしニ　やさしい
17　東京ハ　仙台ヨリ　広い

は、

16′　彼ハ　わたしニ　(接する接し方ガ)　やさしい
17′　東京ハ　(その全体の広さガ)　仙台ヨリ　広い

と、とらえられ、

18　富士山ハ　日本で一番高い

は、

18′　富士山ハ　(その全体の高さガ)　日本で一番高い

と、見ることができる。

3−3 「X」の二面性

　「X ガ1　Y ガ2　形容詞述部」の文構造において、述語形容詞が主体の抱く情意・感覚にかかわる意味を有する際には、「X」の意味的条件に二面性がある点に触れておく。

　　　19　わたしハ　あの人ガ　こわい
　　　20　田中さんハ　手ガ　冷たいようだ

においては、「こわい」「冷たい」と感じる主体、つまり情意・感覚の所有主がそれぞれ「わたし」「田中さん」であることを表しているが、

　　　21　冬山ハ　こわい
　　　22　池の水ガ　冷たい

においては、「こわい」「冷たい」という性質・状態などの所有主がそれぞれ「冬山」「池の水」であることを表している。

　このように、形容詞には主体の抱く情意・感覚を表す面と、主体にそのような情意・感覚を抱かせる対象の持つ性質・状態などを表す面の二面性を持っている。この問題は、既に「主体客体の総合的表現」として、時枝誠記（1941）によって指摘されてはいるものの、構文論的な解釈にまでは及んでいない。構文上一見性質の異なる「X」を主語とするように見えるが、意味論的には、その二面性は排他的な関係にあるものではなく、対象の持つ性質・状態などは、当然主体の抱く情意・感覚に支えられて認知されるものだと見るべきである。そのように考えれば、21・22 は、

　　　21′（わたしガ）　冬山ガ　こわい
　　　22′（わたしガ）　池の水ガ　冷たい

といった意味内容を包含しているととらえるほうが的を射た解釈となるであろう。

　この対象の持つ性質・状態などを表す面は、連体修飾句に用いられた形容詞には顕著に現れる。

・寒い北国／下手な絵／ほほえましい光景／恐ろしい地震災害などがそれである。これらは必ずしもそれにかかわる主体の存在を前提としなくても、一つの客観化された状況としてとらえられる点で、より強く対象の性質・状態などの表現としての特徴が現れている。

3−4　終わりに

　形容詞述語文の持つ二つの「ガ」の構文論上の機能と意味論上の性質を論じてきたが、考え得るすべての形容詞述語文を対象としたわけではない。また、「X ガ 1」が主題化されて「X ハ」になる条件やそれによって生じる表層構造上のバリエーションなどについては一切言及しなかった。これらは機会を改めて論じたい。

　格の消去現象を中心に考察を進めたため、初めに取り上げた形容詞述語文「象ハ　鼻ガ　長い」の構文的な性格について触れる機会を逸したが、この種の構造の文、つまり「Y」が「X」に包摂される関係にある文においては、3−2の例文 13「彼女ハ　美しい」のような例外的な表現を除いては、一般に「X = Y」とはならないので、「Y ガ 2」の消去されることはない。このことも、「X の Y」における「X の」の主題化といった解釈を生む一因になったのではないかと思われる。

参考文献

　三上　章　（1963）『日本語の構文』復刻版（くろしお出版）

　久野　暲　（1973）『日本文法研究』（大修館書店）

　草野清民　（1901）『日本文法』、（1995）復刻版『草野氏日本文法』（勉誠社）

　時枝誠記　（1941）『国語学原論』（岩波書店）

10 日本語教育における類義語の指導

1 はじめに

　外国人に対する日本語教育において、個々の語の意味の理解と並んで、類義語間の意味の異同を的確にとらえさせることは、その成否が学習者の日本語能力の伸長に大きくかかわってくるほど語彙指導上、重要となる事項である。そういった点から、本稿では類義語の扱いを中心として、いくつかの問題を取りあげていく。

2 類義語のいろいろ

　　久しぶりで $\left\{\begin{array}{l}\underline{友だち}\\ \underline{友人}\end{array}\right.$ に会った。

　　作りすぎて料理がたくさん $\left\{\begin{array}{l}\underline{残る。}\\ \underline{余る。}\end{array}\right.$

　　彼女はいくつになっても $\left\{\begin{array}{l}\underline{きれいだ。}\\ \underline{美しい。}\end{array}\right.$

　　会議が $\left\{\begin{array}{l}\underline{突然}\\ \underline{急に}\end{array}\right.$ 中止になった。

　　今日は急いで帰らなければ $\left\{\begin{array}{l}\underline{ならない。}\\ \underline{いけない。}\end{array}\right.$

等々、我々日本人なら、改まってその違いはと問われれば返事に困る

こともあろうが、日常の理解や使用においては、経験に基づいた無自覚な弁別意識に支えられているためか、何ら支障をきたさない語句の異同が、外国人にはすべて何らかの答えを必要とする問題となる。上にあげた例などは、その文脈の範囲では学習者に同義的なとらえ方をさせても、理解面においては差し支えないのであるが、安易に同義意識を抱かせると、表現面において、とんでもない誤りを引き起こさせる結果になる。

　　わたしたちは年をとると死ななければいけません。
などといった誤りである。
　　また、
　　　　新宿へ行けばあの映画が見えます。
　　　　いくら押してもドアがあけません。
などと、日本人の目には一般に類義とは映らない、「見られる―見える」「あく―あける」の使い分けなども外国人の日本語学習者には難しい問題で、その意味では、類義語的な関係にある語として受け止められていると言ってよい。

　更に、日本語と学習者の母語との意味領域のずれによって、本来類義的な関係にない語を類義乃至同義的にとらえてしまった結果生じる誤りもある。

　　　　あの人は数学が上手です。
といった誤りをタイ人の日本語学習者はよくする。これは「上手だ」にあたるタイ語に、「得意だ」という意味も含まれているため、日本語の「上手だ」の意味を拡張して誤った類推をした結果だとみられる場合もあるが、「得意だ」など文脈にふさわしい語を学習した後にもしばしば見られるところをみると、自国語への翻訳を通して、「得意だ＝上手だ」といった図式を頭の中に作り上げ、相互に置き換えが可能だと決めてかかっていることにもよるものだと考えられる。

　このように、外国人の日本語学習者にとっても類義語意識は、日本

語の語彙体系自体の意味の構造関係によって生じるばかりでなく、母語との意味の面の対応関係のあり方によっても生じるものである。ただ、この母語とのかかわり合いによって生じる類義語意識をどのように取り除くかについては、指導する側が学習者の母語に通じ、問題の語の指導に当たって適切な対策を立てるしか方法がない。学習者の母語が多岐にわたる点からも、一般論としてその対策を論じるわけにはいかない。

3 類義語のタイプ

日本語の語彙体系自体の中に何らかの要因があって、学習者にとって類義乃至同義的にとらえやすい語にもいくつかのタイプがある。

類義語間の意味の異同について学習者にとっていちばん大きな問題となるのは、同じレベルの文体や同一の文脈の中でそれぞれの意味領域を分かち合い、厳密には類義語的な語の一方と排他的な関係で用いられる可能性のある語である。

それらの中には、「国会―衆議院・参議院」「生物―動物・植物」といった、包摂関係としてとらえられるものがある。この包摂関係にある語は、上位概念を表す語に対する下位概念語を可能な限り過不足なく示し、両者の対応をつけさせれば、理解面はもとより使用面においても混乱をきたすことはない。むしろ、日本語自体の中にある上位・下位の概念の曖昧さの方が指導する側にとって厄介な問題である。「栗」はくだものに入るのか否か、同居する「おじ（おば）―おい・めい」の関係にある者は、互いに相手を「家族」とみるか「親類」とみるかといった点である。更に、学習者の母語との対応関係が一致しない場合があるので、日本人の感覚では当然上位―下位の関係にあるととらえられる語も、学習者には必ずしもすっきり納得できるものではないということがある。その点から、この種の関係にある語の指導

に当たっても、次に述べる場合と同じく概念的な説明に終わることなく、適切な用法を幅広く示すことによって、日本語の体系内における上位語・下位語の関係をとらえさせなければならない。

相互の意味領域が厳密には重なり合っていなくても、要素的な意味特徴に類似性があるため、その境界が不分明であったり文脈によってはどちらを用いたところで表現される事柄自体にさして変わりがなかったりする語の場合や、部分的に意味特徴を共有する語の場合は、学習者にとって意味の異同を理解することが困難であるばかりでなく、指導する者にとっても学習者の誤解を避けるための慎重な配慮を必要とする。

この種の類義的な語句は、

彼は庭 { に / で } 木を植えている。

ドアにかぎが { かかっている。 / かけてある。 }

今日は出かけなければ { ならない。 / いけない。 }

など、付属語乃至は陳述的要素を含んだ語句の中にもあるし、

近年、医学の { 進歩 / 発達 } はめざましいものがある。

悪政が { 人民 / 庶民 } の生活を圧迫する。

デパートの屋上に { あがる。 / のぼる。 }

ハンカチに血が { しみる。 / にじむ。 }

彼の { ずうずうしい / あつかましい } 態度には腹が立つ。

今 $\left\{\begin{array}{l}\underline{とりあえず}\\\underline{さしあたり}\end{array}\right.$ 10万円渡しておこう。

など、自立語になれば、数多くその例を拾うことができる。

　これらの語の指導に当たっては、端的に言えば、用例を基にして個々の語の意味を帰納的に探り出そうとする意味分析の手順を、そのまま指導上の手順とすることが最も効果的である。類義的な関係にあるととらえられる語の意味の構造は、一般化し多少図式化して示せば、次のようである。

　類義的な関係にある語を X・Y・Z などと表し、それぞれの意味を構成する意味特徴を a・b・c……とすれば、二語の間では、

$$\left\{\begin{array}{l}X \rightarrow a \cdot b\\Y \rightarrow a \cdot \quad c\end{array}\right.$$

三語（以上）になれば

$$\left\{\begin{array}{l}X \rightarrow a \cdot b\\Y \rightarrow a \cdot b \cdot c\\Z \rightarrow a \cdot \quad c\end{array}\right. \qquad \left\{\begin{array}{l}X \rightarrow a \cdot b\\Y \rightarrow a \cdot \quad c\\Z \rightarrow a \cdot \qquad d\end{array}\right.$$

$$\left\{\begin{array}{l}X \rightarrow a \cdot b\\Y \rightarrow a \cdot \quad c \cdot d\\Z \rightarrow a \cdot \quad c \cdot \quad e\end{array}\right. \qquad \cdots\cdots\cdots$$

どの型に属するにせよ、類義語間に共通する意味特徴と互いに他と弁別される条件になっている意味特徴の両面を含んでいるのである。各語に共通する意味特徴（図式の a）が大きく顕在化し、弁別性を備えた部分（図式の b・c・d など）が目立たなく陰にひそんでしまったような文脈で問題の語の意味の異同を理解させようとしても、それが学習者に受け入れられるものではないことは当然である。意味分析の手順と同様、類義的な関係にある他との弁別性がよく発揮されているような用例を採集または作成し、それを対比的に示すことによって、学習者に初めて相互の意味の異同が理解できることになる。

10 日本語教育における類義語の指導

　具体的な指導の例をあげてみよう。先にあげた助詞の「に」と「で」については、一方では、「に」も「で」も用法が多岐にわたることを踏まえ、それに応じた指導をしていながら、

　　　庭 $\left\{ \begin{array}{l} に \\ で \end{array} \right.$ 木を植える。

のような、同一の文脈の中で置き換えが可能な感じを与える用法になると、どちらも「動作・作用の行われる場所を表す」といったとらえ方で処理しようとするため、両者の違いが判然とせず、歯切れの悪い説明で終わってしまう傾向がある注。つまり先の図式でいえば、類義関係にある両語について、双方に共通の意味特徴 a（それが的を射たものかどうかは別にして）にのみ目を向け、そこにあるべき両者を弁別する意味特徴 b・c を明示的にとらえていないのである。

　筆者自身の分析の結果では、共通の意味特徴として取り出せるのは、何の限定も受けていない「場所」という点だけであって、「動作が行われる」という限定は「で」にのみ認められる意味特徴であり、「に」にはない。それに対し、この種の用法における「に」は同じ「場所」でも、「対象物が動作主の動作を受けた結果として存在する」場所ととらえることができる。「で」は動作主のあり方にかかわって、動作主が何らかの動作を行うために存在する場所であり、「に」は主体の動作を受ける対象物にかかわって、動作を受けた結果対象物が定置される場所だとみるのである。このことは、

　　　　　デパートで洋服を買う。
　　　　　東京近郊に土地を買う。

の「で」と「に」によく示されている。前者は動作主が「買う」行為を行った場所がスーパーや洋服屋ではなくデパートであることを表しており、後者は「買う」行為を受けた対象物の存在する場所が東京近郊であると言っているのである。前者については、対象物が動作主の行為を受けた結果として存在する場所も当然あるわけだが、「買う」

行為の性質上、それが「自分のところ」であることが自明なので、あえてそれを明示するに及ばないのだとみてよい。一方、後者についても、動作主が「買う」行為を行った場所があるのだが、一般の買物のようにその場で代金と引き換えに品物を持ち帰るというのと異なり、所有権の譲渡に関する契約を結ぶ場所を指すことになる。そのような場所がどこであるかよりは、「買う」対象物が土地であることから、所有権の移った対象物がどこに存在するかのほうがより大きな関心事となるので、特に明示する必要がない限り示さないのだと考えられる。それよりも、動作主が「買う」以前に所有権を有していた人や仲介者の方が問題にされ、それを「○○から」の形で示すことの方が多い。何らかの必要があって「買う」行為を行った場所を明示しようとするなら、「大阪で東京近郊に土地を買った」という表現もなし得るのである。

　こうした例を手がかりに「に」と「で」の差異を理解させれば、先の「庭に／で木を植える」も、「に」のほうが植えられる木のありかを表したものであり、「で」のほうは動作主の動作を行うために存在する場所を評したものであること（「お父さんはいらっしゃいますか？」という来客の問いかけに、その家の子供が、「はい、おります。今、庭で木を植えています。」などと答えた場面では、子供は明らかに動作主である父親を焦点化している）を容易に納得させ得る。動作主と動作を向ける対象とをどちらも取り上げて表現すれば、「（動作主ガ）庭で庭に木を植える」ということになるのであろうが、動作主の存在する場所と対象物の存在する場所が一致する場合には一方が消去されるというような用法上の慣習があり、動詞「植える」を述語とする構文においては、動作主の存在する場所が消去されるのが一般だということで、多くの場合「～に植える」の形をとるのだろう。それで、たまたま予測される「に」の位置に「で」が現れると、それを同義的にとらえたくなるのであろう。それが不適切なとらえ方であることは、既にみた通りで

あり、更に、動作主と対象物の存在する場所が異なれば、当然、「ベランダで鉢に木を植える」といった表現ができることからも明らかである。

都心 $\left\{\begin{array}{l}\text{に}\\\text{で}\end{array}\right.$ ビルを建てる。

の「に」と「で」の違いについても同様である。前者は建てられた結果としてビルの存在するのが「都心」であることを表し、後者は建築技師なり建設業者なりが「建てる」行為を行っている場所に焦点化したものである。

　ここに用いられている「に」は「壁に写真を貼る」「棚に物を載せる」の「に」と全く同じ機能を有しているのである。更に、動作主自身が移動した結果存在する場所を表す「船に乗る」「椅子にかける」などとも通じ、それを媒介として「～にいる（ある）」という主体の存在を表す用法ともつながってくるものである。

　助詞を取り上げたついでに「自動詞＋ている」と「他動詞＋てある」の問題にも触れておこう。

　「～てある」が他動性の動詞にのみ付く形で、動作を受けた結果が継続する状態を表すというところまでは学習者に理解させることはできても、先にあげた「かかる―かける」や「あく―あける」「つく―つける」「折れる―折る」など、自他両形の対応がある動詞になると、同じく結果の継続を表す「自動詞＋ている」とどう違うのか、特に表現面で学習者を悩ませることがある。「他動詞＋てある」は、背後にその動詞によって表される動作を何らかの意図によって行った主体の存在や、その動作の意図が意識されている場合にも用いられるのだ、などと説明したところで、「（ダレカガ）かぎをかける→　（ソノ結果）かぎがかかる」のような形で事態の対応関係を習得した学習者には、その表面上の差異は容易には納得しがたい。

　この疑問を解くには、自動詞形が他動詞形によって表されるある主

体の行為の結果だとはとらえられないような状況（自然現象としての変化、また、偶然の変化など）で用いられている例を示し、それと他動詞形の用法とを対比させる方法が有効である。

> 風で木の枝が折れている。
> 目印にするために木の枝が折ってある。

> かばんに入れて持ち歩いていたら、自然に折れ目がついていた。
> 畳みやすいように折れ目がつけてある。

といった用例を対比させることによって、学習者にかなり理解させやすくなる。

　自立語に見られる類義語間の意味の異同についても「に」と「で」や「〜ている」と「〜てある」について述べたことと同様、弁別的な特徴のよく表れているそれを対比的に示しながら、用法を通して学習者自身にもある程度の意味の違いが帰納的にとらえられるような指導の方法がとられなければならない。そのためには、指導する側の者の的確な判断力が要求されることになる。

　たとえば、動詞「しみる」と「にじむ」についても、具体的な作用としては液状のもの（「しみる」は一部の気体も）が表面から内部に向かって広がるか、逆に、内部から周辺に広がって表面に現れ出るかといった方向性の違いで対立しているのであるが、例にあげた「ハンカチ」をはじめ、布や紙のような薄い対象物については、内部に広がったものが裏面まで達することがごく普通の現象として見られ、そのために、両語の差異が学習者にとらえにくくなっているのである。従って、布・紙などに「しみる」また「にじむ」といった用法を指導するには、それ以前に、または並行して、

　　薬が傷にしみる／砂地に水がしみる／煙が目にしみる
　　額に汗がにじむ

などの用法を示し、更には比喩的な

寒さが身にしみる

　　血のにじむような努力／多年の労苦がにじみ出た顔

などの用法をも示す配慮が必要であり、そのほうが学習者の理解にはるかに役立つ。

　類義語間の意味の異同を理解させるために比喩的用法を利用することも効果がある指導法である。比喩的用法は他の類義的な語との共通な意味特徴が潜在化し、むしろ類語的な語との弁別性が発揮されているような意味特徴を浮かび上がらせていることが多いため、基本的な用法を相互に比較するよりもわかりやすいのである。「縛る」と「結ぶ」なども、具体的な動作を表す用法を通しては、いくら用例を示したり、実際に動作をしてみせたりしても、構文上の差異（「〜を〜で縛る」―「〜を結ぶ」「〜に〜を結ぶ」といった）は理解させうるが、実質的な意味の違いを理解させることは難しい。むしろ、「人を金（規則）で縛る」「両国が手を結ぶ」や必ずしも比喩的とは言えないが「二つの島を橋で結ぶ」などの用法を通して説明を与えたほうが、前者に「自由を奪う」とか「動きをとれなくする」という意味特徴があり、後者には「別々なものを一体化させる」という意味特徴があることを理解させやすい。

4　同義ととらえられる語について

　類義乃至は同義ととらえられる語に、意味の実質はほとんど変わらないが、用いられる文体や使用場面に差異のあるものがある。

　　　朝（ご）はん―朝めし―朝食

などがそれに当たる。それらは実質的な意味にはほとんど差異がないので、ごく普通の日常会話かやや改まった場面の会話か、また、同じく日常会話であっても、気心の知れた男同士のやりとりか、或いはまた、堅い文章語かといった使用場面や文体との対応関係を考慮して指導しなければならない。従って、多様な文体を示すことができない初

級段階での指導にあっては、単に語の単位で類義乃至同義的なものとしてこれらを並列させて扱うようなことは慎むべきである。また、当然のことながら、

　　　朝食を<u>とる</u>／朝（ご）はんを<u>食べる</u>／朝めしを<u>食う</u>

といった共起的な関係にある語句との照応にも留意し、ある程度は図式化して指導することも、用法上の差異を明確に意識させる上で大切なことである。

　　　ふるさと―郷里―故郷

も文体的な差異に応じた使い分けがあるが、それだけで処理しきれない面がある。単に「ある人の生まれ育った所」ととらえる段階においては同義的な性格を帯び、

　　　盆には<u>郷里</u>に帰る。

　　　<u>ふるさと</u>に帰って傷ついた心をいやす。

　　　異国の生活を終え、五年振りに<u>故郷</u>に帰る。

といった文脈では、文体に応じた微妙なニュアンスの差を含みながらも、その表す内容はほぼ同じだととらえられ、互いに入れ換えてもさほど不自然な感じはしない。しかし、比喩的な用法まで含めてとらえると、それぞれに制約があって、安易に入れ換えるわけにはいかない。「郷里」は血縁・地縁関係で結ばれた人々がそこにおり、盆や正月には帰って共に過ごしたり、冠婚葬祭に関しては何らかのかかわりを求められたりするような、具体的な地理的に限られた空間としてとらえられる土地に限定して用いられる。その点ではむしろ「<u>くに</u>へ帰る」の「くに」との意味の異同が問われる語である。それに対し、「ふるさと」や「故郷」は、そこに行けば心の安らぎが得られると信じたり、いずれはそこに安住したいと望んだりするような、懐しみ、また、そこに心の拠り所を求めようとする精神的・抽象的な存在としての含みがある。「心の<u>ふるさと</u>」「第二の<u>故郷</u>」などの用法は「郷里」には置き換えることができない。「ふるさと」と「故郷」は、和語的な文体と漢

語的な文体との間で多くの場合相互に置き換えられるが、そこに込められた情感には微妙な差がある。そのへんの問題になれば、これを言葉で説明しても、理解面はともかく、表現面への応用という点になると、いずれを選択すべきか学習者には判断しかねることが多い。結局、適切かつ豊富な用例を通して感じとらせるしかない。

　　山—山岳　／　建物—建造物

といった対立も、　文体的な対立と共に、意味にも微妙な差異があり、「山」に対する「山岳」、「建物」に対する「建造物」にはそれぞれ、文脈によっては相対的に規模の大きいものを表す含みがあったり一群の「山」や「建物」の総称として用いられたりする傾向がある。こうした点も適切な用例を通して指導するのが最もわかりやすい。

　和語的な表現と漢語的な表現という形で対立する

　　滅びる—滅亡する

も、

　　人類（国家・〜家）が $\left\{\begin{array}{l}\text{滅びる。}\\ \text{滅亡する。}\end{array}\right.$

のような文脈では同義的な使い方をするが、「滅亡」は上にあげたような範囲に用法が限られるのに対し、「滅びる」は「自らの美学に滅びた」「善は栄え、悪は滅びる」などの用法がある点で同義ではない。また、「滅びる」には「天然記念物トキが滅びる寸前に保護された」などと、「絶滅する」と同義的な用法もある。和語「滅びる」のほうが意味領域が広く、「滅亡する」も「絶滅する」もその意味の一部と対応して同義的になっているのである。

　和語の意味の一部が漢語と対応する例は、

　　運ぶ—運搬する・運送する：進行する（「事が運ぶ」、「事を運ぶ」なら、「進行させる」）

　　決まり—決定・決着：規則・規定：習慣・慣習：……

など数多くあげることができる。

10 日本語教育における類義語の指導 —— 95

　比較的意味領域の限定されている漢語を、類義または同義的な和語などと意味・用法の異同の問題として対応させるだけではなく、いわばメタリンガルなレベルのものとして多義的な語を理解させる手段に利用することも、心がけてよい方法である。

　文体的な差異によって生じる類義乃至は同義的な語句の対立とはやや異なった性格のものに、位相的な対立を示す語がある。広く一般に用いられる「病人」に対する、医者・看護師の立場から医療を要する対象としてとらえた「患者」などがそれに当たる。日常語・一般語に対する学術語・法律語、新旧世代の差によって対立を示す語、学生語・幼児語・職人社会の通語など、その範囲は広い。

　入門期から初級段階においては、指導する側からこれらの対立関係にある語を意図的に学習者に与えることはまずないだろうから、テキストや教室の範囲内でその意味・用法の差異が問題になることは滅多にない。学校教育では、中級以後の段階で、「結婚—婚姻」「被告（刑事・民事を問わず一般に用いられる意の）—被告人（法律用語としての）」「旅館—宿屋」「カメラ—写真機」といったレベルの語が問題になるところだが、この段階になれば、使用域に差異のあることを説明すれば、理解面においては十分だろう。しかも、理解語彙としては対立する双方を習得しておく必要があるが、一般語に対立する位相語の多くは必ずしも使用語彙の中にまで持ち込む必要はない。少なくとも日本語の学習段階にある間はそう考えてよい。むしろ、あえて使用する必要のない語を教室外で覚えてきて、それを使いたがる学習者に対し、使用域に限定のある語であることをよく理解させ、必然性のない場面や文脈でむやみに使うことを戒める配慮がほしい。一部の学生語やある社会の通語などは、使用場面によっては、接する相手にひどく下品な言葉づかいであるという印象を与えたり、滑稽な感じを抱かせたりしがちである。

注　国立国語研究所報告 3（1951）『現代語の助詞・助動詞—用法と実例—』（秀英出版）

　　茅野直子・秋元美晴（1986）『外国人のための助詞—その教え方と覚え方—』（武蔵野書院）

などにおける「に」の扱いがそれに当たる。前書では「動作・作用の行われる空間的な場所の定位・位置を示す。いわば、事物の存在する場所、また、事物を存在させる場所。」となっていて、第一文と第二文の関係がわかりにくい。後の書では、用例の後に示された解説で、「動作の行われる場所であるが『で』ではなく『に』をとる場合（動詞が持っている性質が静止している場合）」とある。

11 補助動詞「(〜テ) シマウ」について

キーワード：補助動詞、アスペクト、モダリティ、完了、心理的断絶

1 考察対象の範囲

補助動詞「(〜テ) シマウ」(以下単に「シマウ」と表記し、本動詞「シマウ」は「動詞シマウ」と表記する) とは、

- また雨かと思うといやになってシマウ。
- 忘れてシマワナイように、メモをとる。
- 大事な書類をなくしてシマッタ。
- 言うべきことを言ってシマワナカッタのが悔やまれる。

など、「動詞連用形＋接続助詞テ＋シマウ」の形式、及びその変化形「シマワナイ／シマッタ／シマワナカッタ」などを指す。また、

- 急がないと列車が出チャウ。
- 田中君はもう帰っチャッタ。
- ほんとうにいやになっチマウ。

などの「チャウ」「チマウ」及びその変化形も、「(〜テ) シマウ」の口頭語的な変容と見て、「シマウ」と同一に扱う。

2 「シマウ」をめぐる諸説

この「シマウ」については、従来、主に文法論の領域で扱われてき

た。そのいくつかを紹介すると以下のとおりである。（引用するに当たり、内容に影響のない範囲で、記号などを変えたり、一部の例を省略したりした）

高橋太郎（1969：p. 131）は、

して　しまう……うごきのおわることをあらわす動詞

1．おもな用法

（1）「終了」　うごきがおわりまでおこなわれることをあらわす。

・私はその時にはもうはしごだんを<u>おりてしまっていた</u>。

（1）はひじょうにすくない。（1）になるのは、つぎの三つのばあいがある。

（a）　主体または対象に変化を生じる結果動詞。

・いままでの煩悶と苦痛をなかば<u>忘れてしまった</u>。

（b）　進行性の継続動詞は、動きの量や位置がきまっているばあいに、この意味が実現する。

・ぶらぶらしているうちに一週間ほど<u>たってしまった</u>。

・それだけは<u>しってしまった</u>人は、こちらへきなさい。

（c）　くりかえし動作がぜんぶおわるばあい。

・電燈がみんな<u>きえてしまった</u>。

（2）「実現」　過程のおわりとしておこなわれる動作が実現する。これがひじょうに多い。

・…風がまったく<u>やんでしまった</u>。

・…家の血統が<u>たえてしまう</u>。

「死んでしまう」「消えてしまう」はおおいが、「うまれてしまう」「あらわれてしまう」はほとんどない。「いってしまう」「でてしまう」「はいってしまう」など移動性の動詞は、ふつうなくなる方向でつかわれる。──おおざっぱにいえば、消滅のうごきの実現をあらわす。

つぎのようなものも、最終過程の実現をあらわす。
・この瞬間かれとダダイズムとは安直に<u>握手してしまった</u>。

（3）「期待外」 予期しなかったこと、よくないことが実現することをあらわす。
・かれはおもわず<u>わらいだしてしまった</u>。

（2）か（3）かわからないものがある。
・そのくじにあたった女とその夜<u>とまってしまった</u>。

2.「しないでしまう」「せずにしまう」
なにごともおこらないでおわることをあらわす。
・ついに<u>ふれずにしまった</u>。

そのままにしてしまう、（するのを）やめてしまう、言いそびれてしまう、みすごしてしまう、etc。

「しないでおく」に近いが、無意志的である。

3.「しちまう」「しちゃう」
はなしことばでつかう。「してしまう」の意味のほかに、単に「する」とおなじ意味につかわれることがおおい。
・いやに<u>なっちゃう</u>わね、ねえ小関さん。

と、その用法を記している。

「おもな用法」とする1.を「終了／実現／期待外」に三分するが、前二者はアスペクトにかかわるものかモダリティにかかわるものか判然としない。「期待外」はモダリティにかかわることを推測させる。問題は「期待外」も「実現」の一種である点に変わりないことである。また、「終了／実現」という時、「シマウ」を伴っていなければ、「終了」や「実現」を表したことにならないのかということである。

a．ア　私はその時にはもうはしごだんをおりていた。
　　　　イ　私はその時にはもうはしごだんをおりてシマッテいた。
b．ア　風がまったくやんだ。

イ　風がまったくやんでシマッタ。

アとイを比べた際、アも終了または実現した事態を表している点ではイと異なる点がなく、「終了」や「実現」は「シマウ」にのみ負わされた役割だとする積極的根拠を欠く。

「終了／実現」と次元を異にする「期待外」が共存する点、及び「終了／実現」のアスペクト的側面とモダリティ的側面のどちらを表そうとするものなのか不明確な点に疑問を感じる。

「チャウ」についても、「単に『する』とおなじ意味でつかわれることがおおい」と断言できるのか疑わしい。

吉川武時（1973）は、『「してしまう」の意味とそれの実現する条件』の節の「総論」（p. 228）で、

「〜てしまう」のはたらきとして次の五つを考えることができる。

（1）　ある過程を持つ動作がおしまいまで行なわれることをあらわす。

（2）　積極的に動作に取り組み、これをかたづけることをあらわす。

（3）　ある動作・作用が行なわれた結果の取りかえしがつかないという気持ちをあらわす。

（4）　動作が無意志的に行なわれることをあらわす。

（5）　不都合なこと、期待に反したことが行なわれることをあらわす。

と、その概略を述べた後、p. 232で、

（前略）高橋太郎氏は、全体を（1）にあたるもの、（2）（3）にあたるもの、（4）（5）にあたるものの三つに分け、（1）（2）（3）をアスペクト的なもの、（4）（5）をムード的なものとした。「してしまう」におけるアスペクト的側面とムード的側面との関係は微妙なので、人によっていろいろな分け方が出てくるのである。私としては、（1）をアスペクト的なもの、（4）（5）をムー

ド的なもの、（2）（3）を両者の中間的なものと考え、それぞれ
　　をさらにくわしく見て、合計五つの意味に分けたのである。

と、前述の高橋説にコメントを加えた上で、五分類の性格を規定して
いる。「シマウ」がアスペクトとモダリティの両面にまたがるとする
点では高橋説と異なるものではない。吉川の説くように、アスペクト
的なものとムード的（以下、吉川の用語に従う）なものとは、同一の語
形、同一の構文的条件で用いられている「シマウ」の中で排他的に対
立するものではなく、吉川自身も「中間的なもの」と認めているよう
に、共存し得る性格を有するのではないか。ムード的だとする（4）（5）
も「シマウ」に先行する動作・作用・現象などの終了または実現を前
提としていることは明らかである。とすれば、「終了／実現」といっ
たアスペクト的はものは（1）〜（5）に共通する要素だということ
になる。問題はムード的要素を積極的には認めない（1）の扱いの当
否にある。

　寺村秀夫（1984）は、第五章（p. 152以下）で、

　　　〜テシマウの用法については、これまでにこまかい分類がなさ
　　れている（たとえば吉川（1973）、高橋（1969）など）が、基本的に、
　　行為・動作、できごとが完了したことを特に強調する表現である
　　と理解することで足りると思う。このシマウの補助動詞としての
　　中心的な意味は、本動詞としてのシマウの意味を受けついでいる。
　　（p. 152）

と、完了の強調にその特性があるとした上で、「動詞シマウ」との関
連を説いている。本稿では、動詞シマウとの意味的関連性については
言及を控え、「シマウ」自身の用法に関する発言にのみ注目する。

　　　「完了」というのは、客観的には、ある時間継続した動きが終
　　点に達したこと、完成したことをいうのであるから、瞬間的なで
　　きごとや動きを表わす動詞については言えないわけである。そう
　　いう事象を表わす動詞に〜テシマウが付くと、「その事が起こっ

て、もはや起こる前の状態に戻ることはできない」という心理を表わすことになる。それは自分ではどうしようもないできごとの場合は悲しみを、自分のしたことならば後悔を伴うのがふつうである。(p. 153)

　元の状態には戻れない、とりかえしがつかない、という気持は、しばしば自分の意志で実現・非実現が可能なことなのに、意識よりはやく身体が動いた、というような状況の表現としても使われる。(p. 154)

さらに、「～オワル」では言い換えられない例を挙げた後、

　……いずれも～オワルでは言いかえられない～テシマウであるから、心理的な完了の強調の解釈しかないが、走ル、読ム、食べルなどの動作動詞は、その動作が完了したことを客観的に言うこともあり得る。従って、文脈がないと多義的になる。「ツイ」のような副詞があると、当然上に記した心理的（完了の強調）の～テシマウになる。

　～テシマウは、関東方言では、～チャウ、～チャッタとなり、日常会話で頻用されるが、次のように、悲哀や後悔ではなく、「しめしめ」という感じの、意外な事の成りゆきをよろこぶような場合にも使われる。(p. 155)

　意志性の動詞について、意向表明や勧誘の「～ショウ」や、命令形になると、「完了の強調」は、早く、ただちに、そのことを実現させよう、実現しろ、という意味になる。(p. 155)

　以上のように、寺村は高橋の1.（3）「期待外」や吉川の（3）（4）（5）にほぼ該当すると考えられる用法の心理的側面については分析しているが、他は「完了の強調」という表現で済ませている。特に「走ル、読ム、食べルなどの動作動詞は、その動作が完了したことを客観的に言うこともあり得る。従って、文脈がないと多義的になる」と述べているように、まったく心理的側面を認められない用法の存在を前

提として、それと対立させている点で、高橋・吉川と軌を一にする。「シマウ」をアスペクトにかかわる面を中心としてとらえようとする考えを抱いていることは、「動的事象の諸相―アスペクト」の中の一項として扱われていることからもうかがわれる。

3　「シマウ」のアスペクト的側面とムード的側面

　2で述べたように、高橋・寺村には明確に示されていないが、吉川は高橋の分類をも参照させた上で、「シマウ」を

　　1．アスペクト的な用法
　　2．アスペクト・ムードの中間的な用法
　　3．ムード的な用法

の3種に区分する。この分類が当を得たものであるなら、「シマウ」の多義性を認めなければならないという結論に達する。現に、寺村がそのようにとらえていることは明らかである。

　先にも触れたように、アスペクト的な要素とムード的な要素とは、一方が選ばれれば他方は自動的に選ばれなくなるという排他的な関係にあるのだろうか。吉川もその中間的なものの存在を認めているように、決して排他的な関係に置かれるものではない。吉川の言うムード的な用法に属するものであっても、それが、何らかの動的変化の「終了」または「実現」にかかわる以上、アスペクト的側面に対応するそれなりの機能を発揮しているとみるべきである。吉川の言うムードにかかわる用法の一つと考えられる「（大事な用事を）忘れてシマウ」も、「忘れる」と対応する形で、

　　c．ア　忘れる　　　　―忘れた　　　　―忘れている
　　　　イ　忘れてシマウ　―忘れてシマッタ　―忘れてシマッている

などと、アスペクトにかかわる諸形式を備えている（「〜ている」をアスペクト形式とみてのことではあるが）。この点について言及のないの

はどういうことなのか。また、ここで言うアスペクトとは、上のアの流れの一環としてのそれを指すものなのか。そうだとすると、

　　　d．書きはじめる―書いている―書き終わる／書いてシマウ

と、いわゆる継続動詞では「～おわる／おえる」との異同が問題になる。いわゆる瞬間動詞では、

　　　e．ア　死んだ　　　　―死んでいる

　　　　　イ　死んでシマッタ―死んでシマッテいる

の、アとイの両形式にみられる相似形的なアスペクト的対立を説明する術を失う。

　寺村の言う「完了の強調」は、「強調」に発話者の心理的な面にかかわる要素、つまり吉川の言うムード的な要素の意を込めているものだと解することができる。というより、解さなければいけない。先にも引用した、

　　　基本的に、（中略）　完了したことを特に強調する表現であると理
　　　解することで足りると思う。

　　　……であるから、心理的な完了の強調の解釈しかない……

　　　当然上に記した心理的（完了の強調）の～テシマウになる。

などの発言から、「シマウ」の用法を一貫するものとしてのムード的側面を明確に打ち出している。ここで生じる疑問は、同じ寺村が、

　　　……の動作動詞は、その動作が完了したことを客観的に言うこと
　　　もあり得る。従って、文脈がないと多義的になる。

と言っている点である。この「客観的に言うこと」が心理的な側面を排除することを含意するなら、「完了の強調」に対する解釈も当然変えなければならないということになる。結局、アスペクトにかかわる諸問題を扱う章で取り上げられてはいるものの、アスペクト的な位置付けは判然としない。

　以上の点から、アスペクトにかかわる用法、ムードにかかわる用法の排他的な対立関係を認めることにはかなりの無理が伴う。筆者の見

解としては、「シマウ」の諸変化形式に「シマウ」を伴わない用法と並行的なアスペクト的要素を認めるのが妥当であると考える。従って、「シマウ」を伴わない形式の線上にのせたアスペクト的側面を認めることは否定する。

　ここで言うアスペクト的側面とは、「シマウ」が動詞として時の流れの種種の事態に対応した変化形式を持つということに基づくものであって、「シマウ」に前置きされる動詞の「終了／実現」ないしは「完了」という意味ではないことは当然である。

　それでは、「シマウ」はどのように解するべきか。先の吉川の３分類に共通するムード的要素を備えた形式と考えることにより、アスペクト対ムードといった対立を克服することが可能になる。

4　「シマウ」の一元的な解釈の可能性

　「シマウ」のアスペクト的な面については前節で私見を述べたので、ここではもっぱら、吉川の言うムード（モダリティとすべきかとは思うが、この用語に統一しておく）にかかわる面を考察する。

　「シマウ」の特徴的な用法として、高橋の分類の「（３）［期待外］」、吉川の分類の「（３）ある動作・作用が行なわれた結果の取りかえしがつかないという気持ちをあらわす」「（５）不都合なこと、期待に反したことが行なわれることをあらわす」及び「（４）動作が無意志的に行なわれることをあらわす」や、寺村の言う、いわゆる瞬間動詞に「シマウ」がついた場合の「『その事が起こって、もはや起こる前の状態に戻ることはできない』という心理を表わすことになる。それは自分ではどうしようもないできごとの場合は悲しみを、自分のしたことならば後悔を伴うのがふつうである」に該当する場合が挙げられる。これらの用法は、一般に当人の意志にかかわりなく、予測・期待に反する、いわば、マイナス事態に至る事柄を表すことが多く、寺村の言

うように、「その事が起こって、もはや起こる前の状態に戻ることはできない」性質のものである。マイナス事態の出現前に抱いていた事の進行に対する予測とは相容れない結果に遭遇し、しかも元に戻せるものなら戻したいと願望してもそれが不可能だと感じるのは、それまでの事の推移の延長線上にあり、従って何ら違和感を抱くことのない事態と断絶された、それまでとは異なった対処の迫られる新たな事態の出現だからである。

この種の用法に見られる用法の特質は、予想・期待または願望として抱く事の推移と「断絶」された決定的事態だと発話者が意識する点にあると考える。悲しみや後悔はマイナス事態に直面し、断絶を意識した事に付随するものであって、出現した事態のありようによってはある種の喜びを伴うこともあり得る。

f．ア　合格できると思っていたのに、不合格になってシマッタ。
　　イ　合格できないと思っていたのに、合格してシマッタ。
　　ウ　合格できないと思っていた弟が合格してシマッタ。

は、どれも自分の意志とはかかわりのない事態の出現を表しているが、イ・ウに悲しみや後悔を感じる積極的な理由は見いだせない。むしろ、意外な結果に対する喜びや驚きに類するものだろう。従って、これらに共通する要素は、それまでの事の推移から予測・期待されるものとは断絶された事態だととらえる、発話者の心理的な面の投影が認められるだけであると判断できる。

この「断絶」意識の投影を手がかりに、吉川の言うアスペクト的な用法に再検討を加えてみることにする。

g．ア　思ったより宴会が早く済んだ。
　　イ　思ったより宴会が早く済んでシマッタ。
h．ア　雑用を片づけてから、食事にしよう。
　　イ　雑用を片づけてシマッテから、食事にしよう。
i．ア　売れるものをみんな売って、家の中がさっぱりした。

イ　売れるものをみんな売ってシマッテ、家の中がさっぱり
　　　した。
アは動作の完了を客観的に表したものである。それに対し、イは、そ
れぞれ「宴会に拘束されること」「雑用を片づけることに拘束される
こと」「売れるものをみんな売るのに拘束されること」から解放され
た事態という発話者の心理の投影だとみることが可能である。言い換
えれば、「元に戻ることができない」のではなく、「元に戻す必要がまっ
たくない」事態だと意識された場合の用法だということである。高橋
の言う［終了］や［実現］はアによっても十分に表されており、「シ
マウ」に負わされた機能はその［終了］や［実現］に対する発話者の
何らかのムード的な面を表す点にあるとすることで、「シマウ」を伴
う表現と伴わない表現の差異を合理的に説明し得るのである。「完全
な終了」「最終的な実現」などと言ったところで、「シマウ」を伴わな
い表現が「不完全な終了」「非最終的な実現」を意味するものではな
いのだから、説明の役を果たしていない。その点から見れば、寺村の
言う「完了の強調」の方が的を射たものである。問題は、何が「強調」
されるのか、その内容が明示されなかった点にある。出現した事態が
「元に戻したくても戻せない」、また、「元に戻す必要がない」ものだ
ととらえる点に「強調」の中心があると考えれば、ムード的な面にか
かわる意味での強調だと無理なく説明できるのである。
　上に述べた、「元に戻したくても戻せない」、また、「元に戻す必要
がない」事態が現実に実現したり想定されたりするのはどんな場合か
考えてみれば、一つは取りかえしのつかない結果になる場合であり、
もう一つは拘束された事柄から解放される場合である。前者がマイナ
ス事態として発話者の心に何らかの痛みを与えることはきわめて自然
のことである。だが、後者、つまり非マイナス事態になると、予測通
りに事が進んだ当然の結果であると意識されるなら、「元に戻す必要
がない」事態といっても、単なる「終了」や「実現」と異なる点がな

いということになり、「シマウ」を用いる必然性を欠くことになる。

　　ｊ．ア　７時半に家を出たら、予定通り定刻５分前に着いた。

　　　　＊イ　７時半に家を出たら、予定通り定刻５分前に着いてシマッ
　　　　　　タ。

アはごく普通に用いられるが、＊イには違和感を覚えるだろう。それ
は、家を出る時から予定されている当然の結果であり、意識されてい
るプログラムをその通り実行しただけのことだからである。

　参考までに、「元に戻したくても戻せない」事態についても同じこ
とが言えることを指摘しておく。

　　ｋ．ア　天気予報の通り、夕方には雨が降り出した。

　　　　＊イ　天気予報の通り、夕方には雨が降り出してシマッタ。

も、ｊと同様で、＊イはまったくあり得ない表現だとまでは言えな
いものの、あえて「シマウ」を用いるほどのことはないといった印象
を与える。降り出す以前から降雨が予期されていたことだからである。

　このようにみると、非マイナス事態に至る結果を生じる場合、人事
であるか自然であるかにかかわりなく、事前に予想・予定されている
通りに事が推移する場合には、「シマウ」を用いることが誤りだとは
言えないかもしれないが、多くの場合かなり不自然さを伴うというこ
とになる。とすれば、事前に予想・予定される事の推移と相容れない
事態の出現によって、心理的に得られる「断絶」意識が「シマウ」を
用いさせることになると判断せざるを得ない。

　寺村の「走ル、読ム、食ベルなどの動作動詞は、その動作が完了し
たことを客観的に言うこともあり得る」ということも、修正する必要
がある。

　　ｌ．ア　100メートルを一気に走った。

　　　　イ　100メートルを一気に走ってシマッタ。

イは、アに比べ、走る前の不安や走っている間の苦しみなどが断ち切
られ、走ることに付随した緊張感から解放されたといった心理的側面

が反映されていると考えたい。

 m. ア 読んだら、その本ぼくに貸してくれないか。

    イ 読んでシマッタら、その本ぼくに貸してくれないか。

アもイも、相手の本を読む行為が完了することを前提にしている点は同じである。解釈のしかたによっては、単なる「完了の強調」とみても差し支えないのかもしれないが、「強調」の内容は借り手つまり発話者が期待する「相手がその本を読むことに関しては何ら拘束を受けなくなる」ことだと考えられる。

 n. ア ご飯を食べてから、テレビを見なさい。

    イ ご飯を食べてシマッテから、テレビを見なさい。

これも上と同様、「ご飯を食べる」行為の完了を前提にしているものだが、「シマウ」には、「ご飯を食べる」行為にかかわる事態からあらゆる面で解放されることを待ち望んでいる発話者の意識が投影されているとみることができる。

 以上の「シマウ」に関する私見をまとめれば、以下のようになる。

 1.「シマウ」は「シマウ」を伴わない形式と並行的なアスペクトを有する。

 2.「シマウ」のムード的側面は、一部の用法に限られるものではなく、すべての用法に一貫して認められる。

 3.「シマウ」のムードは、予想・予測される事の推移が断ち切られること、つまり一種の心理的「断絶」を本質とする。

 4.マイナス事態の出現にあっては、「元に戻したくても、戻すことができない」と意識され、悲しみ・後悔などを伴う。

 5.非マイナス事態の出現にあっては、「もう元に戻す必要がない」「今までの状況に拘束されることがない」と意識され、状況によっては、喜びや安堵感、あるいは意外性に対する驚きを伴う。

5 残された課題

「シマウ」は「チャウ」などの形も含めて、日常の言語行動の中で、きわめて頻用度が高い表現形式である。また、個個人の頻用度にもかなりの幅があることが予測される。こうした実態を踏まえて、実証的にその特質を究めることは容易な作業ではない。その分析の対象がムード、つまり発話者の意識にかかわる面であるだけに、その困難さは一段と増すだろう。

とは言うものの、最終的には実証の裏付けがなされなければ、仮説が仮説のままで終わってしまうことになる。今後、実例の分析―どこまで可能か心もとないが―を通して、仮説を一段高い段階へと進める必要がある。

参考文献

高橋太郎（1969）「すがたともくろみ」教育科学研究会文法講座テキスト、
　　（1976）金田一春彦編『日本語動詞のアスペクト』（むぎ書房）再録

吉川武時（1973）「現代日本語動詞のアスペクトの研究」Linguistic
　　Communication 9、（1976）金田一春彦編『日本語動詞のアスペクト』（むぎ書房）再録

寺村秀夫（1984）『日本語のシンタクスと意味』第Ⅱ巻（くろしお出版）

12 残る・残す、余る・余す

1−0 「残る」と「余る」は同義語か

　A. 晩御飯のおかずを作り過ぎて、こんなに残ってしまった。

　B. 晩御飯のおかずを作り過ぎて、こんなに余ってしまった。

　A・Bを比べてみると、「残る」と「余る」に明確な差異があるとは思えない。つまり、かなり同義的な感じがする。それでは、「残る」と「余る」の両語を果たして同義だととらえてよいのだろうか。

1−1 「残る」の用法（その1）

　1. 家族が旅行に出かけ、ひとり家に残って留守番をする。

　2. ひとむかし前は、この町内に数軒あった風呂屋も、今は一軒残るだけだ。

　3. このあたりには、豊かな田園風景が今も残っている。

　4. この城は、今はわずかに石垣だけが残っている。

　5. 子供のときの怪我の傷痕が、手の甲に残っている。

　6. 山田君は、学部卒業後も大学に残って研究を続けている。

　7. あの奇妙な事件は、今も鮮明に記憶に残っている。

　8. エジソンは、発明王として後世に名が残った。

　これらの「残る」の用法を通して共通していることは、「同一条件に置かれた他のものが、何かを契機としてそこを去ったり消滅したり

した後も、なおそこに存在する」という点である。

1は、家族旅行であるからには自分もそのメンバーになり得るのに、留守番をおく必要があり、出かけずに家にいることを表す。

2も、時代の流れとともに公衆浴場の需要が減り、廃業する店が増えているなかで、なお存在し続けていることを表している。

3も、時の流れとともに都市化が進み失われていく田園風景が、そこには失われずにまだあることを表している。「江戸時代の面影が残る城下町」の「残る」についても同様だ。

4も、時の流れとともに構築物の多くが原形をとどめなかったり失われたりしてしまうなかで、なお原形をとどめている、ということを表している。

5は、子供のときの傷痕も一般には成長するにしたがって消えてゆくのに、成人後も消えずにその部分にあることを表している。

6は、大学を卒業すれば一般には社会人として巣立ち大学を去ってゆくのに、山田君は大学院へ進むなどして、依然として大学にとどまっていることを表す。「この会社の人たちは、毎晩遅くまで残って仕事をしている」の「残る」も、周辺の会社に勤めている人が退出の刻時が過ぎ会社を去った後も、仕事をしていることを表している。

7は、時の経過に従って記憶は一般に薄れたり忘れ去られたりするものなのに、今もなお、意識にとどまっているという状態を表している。「あのときのしこりが今も残っていて、互いにろくに口もきかない」の「残る」も同様である。

8は、一般にこの世に生存した人のほとんどが死とともに忘れ去られていくのに、なお、名をとどめ、忘れられずにいることを表している。

「生き残る」「居残る」「売れ残る」「勝ち残る」「焼け残る」などの複合動詞についても、他に移動したり消滅したりせず、そこに存在し続けるという点においては何ら変わりない。

これらの用法は、「余る」に置き換えることはできず、「余る」との類義的な関係にはない。

1－2 「残る」の用法（その2）

「残る」には、さらに次のような用法もある。

　　9. 昨日飲んだ酒がまだ残っているから、今夜はそれを飲もう。

　　10. 当選者が現れず、福引所にはよい賞品がまだたくさん残っている。

　　11. テストの終了時間が迫っているのに、まだ答えていない問題が三問も残っている。

9・10・11 は、どれも全体からすでに処理が済んだものを差し引いたあとに、「今後の処理の対象となるもの」がまだある、ということを表している。11 は、処理すべき問題とその処理に充てられる時間の関係を逆にした「解いていない問題が三つもあるのに、時間があと10分しか残っていない」の「残る」も同じである。

この種の用法は、一般には「余る」に置き換えることが形式的・文法的には可能であるが、意味の点では全く異なる。

1－3 「残る」の用法（その3）

さらに「残る」には、次のような用法がある。

　　12.〔相撲で〕「残った残った」と行司が声を上げる。

相撲で、両力士が勝負を続けており、勝敗が決する段階には至っていないことを表す。その点で、9・10・11 と同種の用法だととらえられる。

2−1 「余る」の用法 (その1)

1. 日本は、1980年代のころは「金が余っている大国」と言われたものだ。
2. 問題が易しく、試験時間が30分も余ってしまった。
3. あの会社は、人が余っているようだ。

これらの「余る」は、必要を満たしたあとに、なお、当面は必要としないもの、つまり「金、時間、労働力」が、存在するということを表している。

複合動詞「有り余る」の「余る」も、特に必要だとも思われないものが、多量にあるということを表している。

2−2 「余る」の用法 (その2)

さらに「余る」には、

4. 身に余る光栄。
5. 身長2メートルに余る大型力士。
6. 目に余るふしだらな行為。
7. 手に余る難問。
8. 勢い余って、もんどりうって転がり落ちる。

などがある。

4の「余る」は、自分の分限を超えていることを謙遜して言っている表現である。

5は、通常予測される限度や限界を超えていることを表している。

6は、倫理的に許容できる限界を超えていることを表している。

7は、自分の能力の限界を超えていて、対応のしようがないことを表している。

8は、必要以上に出た勢いを押さえることができない状態にあることを表している。「かわいさ余って憎さ百倍」の「余る」もこれと同種の用法と考えられる。

複合動詞「思い余る」の「余る」も、第三者の目からみればともかく、当人にとっては冷静に状況を判断するゆとりが抱けないほど深刻な事態に直面した状態にあることを表している。

4〜8の「余る」を「残る」に置き換えることはできない。

2−3 「残る」と「余る」の同義性

「余る」と同種だととらえられる用法の一部は、文脈によっては「残る」に置き換えることが可能となる場合がある（2−1の1、2など）。冒頭にあげた例もその一つである。このことが、両語に意味の同義性を認めようとする考えにつながってくるのだと考えられる。しかし、たまたま文脈的に互換が可能だというだけであって、決して両語が同義的であるとは言えない。

2−4 「残る」と「余る」の意味

ここまでの考察から、

「残る」は、必要を満たしたあとに、それも同一条件にあり、今後の処理の対象となるものが、なおそこに存在する。

「余る」は、必要を満たしたあとに、当面の処理の対象とはならないものが、なお、そこに存在する。

という意味を表すものだと判断される。両語の意味の差は、相互に置き換えられる用法についても認められる。このことは、次の例によっても明らかである。

2−5 「残る」と「余る」の用法分析（その1）

たとえば計算で、計算式を念頭におけばわかることだが、「百割る三」は、まず10の位に3が立ち、90を引いた10がなお計算の対象として「残っている」のであり、その数は「余っている」のではない。その残った10をさらに3で割れば、1の位に3が立ち、9を差し引いて、なお1がそこにある。で、その1は、小学校の初級段階などでは、計算の対象とはならない。その処理の対象とはならない数値1を「1余る」、あるいは、名詞の形になるが「余りが1だ」のように言う。つまり、計算の途中の段階で現れる数値は「残った数」であり、最終的に計算の対象としない数値は「余った数」だというのである。

2−6 「残る」と「余る」の用法分析（その2）

また、福引期間中に、まだ当選者が現れない景品が多数ある段階では、「よい賞品がたくさん残っておりますから、どうぞ福引所へ」と客に声をかけて、購買欲をあおろうとするのである。この段階では、「よい賞品がたくさん余っておりますから」とは言わない。

福引期間が終わってしまって、なお引き当てられなかった景品があれば、福引の関係者は、「こんなにたくさん景品が残ってしまった」と言わないわけではないが、「こんなにたくさん余ってしまった、次回まで保存しておくわけにもいくまいから、福祉施設にでも寄付してしまおうか」といったことになり、この段階で、はじめて「余る」が用いられるのである。

「余る」が、算数の計算の例や、この例の「余る」から明らかなように、「当面の処理の対象とはならないもの」を指しているのである。

2－7 「残る」と「余る」の使い分け（その1）

　もう一例、「残る」と「余る」の使い分けを示すよい例をあげておこう。

　たとえば、10万円の予算で二泊三日の旅行をしたとする。一泊目が終わって宿の勘定などを済ませて、手元に7万2千円あるとする。この金は、もう一泊して帰途につくのに必要な金であり、「残った金」である。二泊目が終わって、3万8千円ある。これも前と同様、「残った金」である。無事に予定通りの行程を終えて帰宅して財布を見ると、1万1千円ある。この金は「残った金」と言えないわけでもないが、「1万1千円余った」ととらえて何ら違和感がない。これは、旅行に関しては必要としない金だからだとみてよい。

2－8 「残る」と「余る」の使い分け（その2）

・晩御飯のおかずを作り過ぎて、こんなにたくさん残ってしまった。
・消費者に受けると思った新商品が、無残なほど売れ残った。

　処理が済んだあとに、なお存在する関連があるものについて、今後の処理の対象となるものであるか、当面は処理の対象とする必要が認められないか、といったことが、両語を使い分ける基準となっていることが、すでに述べたことから明らかである。ところが、現実の生活において、「作り過ぎたおかず」など、今後どのように対処するかについて考えを及ぼす余裕もなく、とっさに意識にのぼった方の語を口に出してしまうということがあって、それが両語を類義的だととらえさせる要因となっている、と判断し得る。

　上述の両語の意味の差異は、全部売れることが望ましい商品などに

ついては「売れ残る」とは言うが、「売れ余る」とは一般には言わないことにも、よく表れている。それは、後者「売れ余る」という語が、もしあるとすれば、もうすでに売れる対象とはとらえていないという意を含意することになり、単に「余る」と実質的に変わらない意味を表しているからである。

3－0　「残す」と「余す」

　次に、「～が残る」、また「～が余る」と、対象語がないという点で自動詞だととらえられている「残る」「余る」に対して、「～を残す」「～を余す」と、対象語に相当するととらえられる「～を」を必要とするという点で、他動詞ととらえられる「残す」と「余す」についてみてみよう。

3－1　「残す」について

　1.　妻子を日本に残して、一人任地に赴く。
　2.　この集落で藁葺きの家は、わずかに三棟残しているだけだ。
　3.　この川の対岸の背後には、原風景的な自然を今も残している。
　4.　この町は、江戸時代の面影を今も色濃く残している。
　5.　あのおぞましい事件は、関係した多くの人に深い傷を残したまま終焉した。
　6.　大みそかが近づき、今年もあと数日を残すだけになった。
　7.　今後の運営に多くの課題を残して、会議は終了した。
　8.　犯人は現場にいくつかの遺留品を残したまま逃げ去った。

　これらの「残す」は、「残る」の１～８までに対応をする用法である。「残る」と同様に、同一条件に置かれた他のものが、何かを契機として、そこを去ったり消滅したりした後も、なおそこに存在し続けるという

共通の意味を有する。

　1は、日本の社会では単身赴任は珍しいことでもないが、欧米などでは、特に支障がなければ家族ぐるみで赴任するのが一般のようだ。「数人の保安要員を残して、坑内から脱出する」なども、同じ鉱山で作業するもののうちの一部である保安要員だけが、鉱山の内部に居続けることを表す。

　2は、ひと昔前までは農村などでは藁葺き屋根はごく当たり前のものであったが、近年では新素材のものにどんどん葺き替えられ、激減したということを表している。

　3は、生活環境・形態の変化により、素朴な自然の景観が変貌させられているなかで、わずかに原形をとどめているということを表している。

　4は、時の流れとともに失われていく古い時代の面影が、今なおそこに存在するということを表している。

　5は、関係した人たちからは、一日も早く忘れてしまいたいと思われていながらも、何かにつけて思い出されることが多く、心の傷であり続けているということを表している。

　6は、あとわずかとなり、何かと焦りを感じるような状況にあることを表している。

　7は、会議そのものは終わり、関係者もその会議にかかわることからは解放された状態に置かれているが、運営上、次回までに何らかの対処を必要とする事柄が存在しているということを表している。「功をせいたあまり、後々に悔いを残した」の「残す」も同様である。

　8は、意識的か無意識にそうするのかはともかく、できる限り犯行の痕跡を隠そうとすることが多いようだが、捜査陣から見れば、犯人像を絞り込む多くの手掛かりを犯行現場に存続させて逃げ去ったということを表している。「その少年は置き手紙を残して家出した」「彼は莫大な財産を残して世を去った」などの「残す」も同様である。

また、複合動詞の「言い残す」「書き残す」の「残す」についても同様である。「ご主人がお帰りになったら、近いうちにお会いしたいとお伝えくださいと、言い残して彼は去っていった」の「言い残す」を、「メモに書き残す」としても同じである。

また、「食べ残す」「飲み残す」「し残す」「積み残す」「論じ残す」「取り残す」などの複合動詞の「残す」も、何らかの事情があって途中でやめることを表している。たとえば「始業時間の前に出社して、昨日し残した仕事を片づける」、「前回論じ残した問題点について、詳細に考察する」なども、本来当然しなければならないことを、何かの事情でせずに終わってしまったということを表している。また、

　　9.　一発の銃弾が、歴史に名を残す事件に発展した。

の「残す」は、一発の銃弾が要因となって、歴史上の事件として後々まで記録にとどめられたということを表している。

3−2　「残る（自動詞）」と「残す（他動詞）」

「残す」の4〜9は、意図的な行為としてなされたものではなく、たまたま結果として消滅することなく存在し続けた事態を表している。その点では、4は「江戸時代の面影が残っている」、6は「今年もあと数日残るだけになった」と、表す情報内容の点では、実質的に変わりがない。

7も「今後の運営に多くの問題が残ったまま、会議は終了した」、8は「現場には犯人の遺留品がいくつか残っていた」、9は「一発の銃弾が（大きな）事件に発展して、歴史に名が残った」などと言い換えても、その情報内容には大きな差異はない。いわゆる自動詞の「残る」と他動詞の「残す」が、文脈上同義的な意味合いを込めて用いられていることになる。

どうして、このようなことが可能になるかについて、客観的・論理

的に説明するのは容易ではなさそうである。一つの可能性として考えれば、表現対象やそれらを取り巻く状況から、自動詞的な表現を用いて何ら違和感のない文脈に、あえて他動詞的な表現を用いるということは、あたかもそれが意図的な行為（＝一般に、その主体は人間）としてなされたという「見立て」をしているのだということである。

こう考えれば合理的な説明のつきそうな例は、明らかに非意図的な行為であるにもかかわらず、「ぬかるみを歩いたので、新品の靴が<u>汚れ</u>てしまった」と「汚れる」を用いるのではなく、x1「ぬかるみを歩いたので、新品の靴を<u>汚し</u>てしまった」と「汚す」を用いたり、「茶碗が<u>落ちて割れた</u>」と、「落ちる」「割れる」を用いず、x2「茶碗を<u>落として割った</u>」のように、「落とす」や「割る」を用いたりする場合である。

「靴」や「茶碗」の例を通して、意図的か非意図的かにかかわりなく、動作主としての人間がからんでいることが、この種の用法を成り立たせているのだと考えられる。

たとえば、「手入れをせずに放っておいたら、靴がすっかり<u>汚れて</u>しまった」のように、靴が「汚れる」ことに、また、「地震によって、棚から茶碗が<u>落ちて割れて</u>しまった」のように、茶碗が「落ちる」「割れる」ことに、全く人の行為が介在していない場合には、x1やx2のような言い方はしないということからも、こういった解釈は十分に許容され得る。

10.　土俵際でかろうじて<u>残し</u>た。

10の「残す」の用法は、**1−3**の12の「残る」に対応する表現で、土俵際で劣勢にありながら、決着のつかない状態を保っていることを表している。

「同期に入社した者がみな管理職になったのに、なぜか彼一人が平のまま<u>取り残されて</u>しまった」の「取り残される」は、同期入社の他の者と同様に当然、管理職に昇進するべきであったのに、何かの事情

で昇任できずにいることを表している。

　同じ条件で、他のものと同じ扱いをされるはずであったのに、そうはならずにそのものだけが存在し続ける状態を表す複合動詞としては、「食べ残す」「塗り残す」「拾い残す」「消し残す」等々についても同じ解釈が成り立つ。

3−3　「余す」について

　1.　予約外の客にも出せるように、多めに作って5人分ほど<u>余し</u>ておく。

　2.　所属する劇団員全員に、<u>余さ</u>ず役を割り振る。

　3.　意外にはかどって、予定時間を1時間も<u>余し</u>てしまった。

　4.　まだ準備半ばだというのに、出発まであと3日を<u>余す</u>だけだ。

　1は、いざというときに備えて、当面必要とする以上に作っておくことを表す。

　2は、劇団員の中に、役のない者がいない状態にする。

　3は、その仕事に関しては、使う必要のない時間が1時間以上あったことを表している。

　4は、準備に充てられる時間がわずか3日しかない、という事態に置かれていることを表している。

　1と2は、意図的な行為を表す用法であるが、3・4は意図的な行為ではなく、事の成りゆきでそのような結果に至った状態にあることを表す。

　「余る」ではなく、意図的な行為であるかのように「余す」を用いたのは、「残る」に対する非意図的な行為を表す「残す」と同様に、そのような見立てを行っているのだと解するべきであろう。この点については、3−2で述べたことと同じである。

　「余す」の複合語は、「持て余す」を除いては、現代語として用いら

れるものは見当たらない。「持て余す」の「持て」は、「持てる」の連用形であると考えられるが、前項「持て」と後項「余す」との結合関係については不明な点があり、従って意味的な関係も必ずしも明確ではない。「持て余す」は、そのようにとらえられる対象との間のギャップが大きく、適切な対処の方法などが見いだせず、どのように扱うのがよいか、何の手がかりも得られない状態にあるということを表している。

4−0 「残る」と「余る」、「残す」と「余す」の相互の関係

4−1 「残る」と「余る」の関係

　２−４で述べた通りである。

4−2 「残る」と「余す」の関係

　「残る」と「余す」のそれぞれの意味は、１−１、１−２、１−３（以上「残る」）、３−３（「余す」）で言った通りである。
　　・文壇の巨匠の遺品を整理していたら、かなりの未発表作品が残っていたことが判明した。
　　・開催日程を半日も余して、交渉が合意に達した。
　前者は、今後、何らかの形で公表される可能性がある作品が存在することを述べており、後者は、開催日程の半日も必要としない状態で事が済んだ、ということを表している。

4−3 「残す」と「余る」の関係

　「残す」と「余る」のそれぞれの意味は、３−１（「残す」）、２−１、

2－2 （以上、「余る」）で言った通りである。

- 彼の思想は、世界の若年層に大きな影響を残した。
- 有り余った情感がほとばしっているかのような文体が読者の肺腑を衝く作品。

　前者は、「彼の思想」が、世界中の若者の思想に大きな影響を及ぼしたことを表し、後者は、言葉では表し得ないような情感を抱かざるを得ないような異様な感覚に包まれる、ということを表している。

4－4　「残す」と「余す」の関係

　「残す」と「余す」のそれぞれの意味は、**3－1**（「残す」）、**3－3**（「余す」）で言った通りである。

- ノーベルが残した莫大な遺産がノーベル賞の資金源となっている。
- 小さな開発途上国の年間予算を上回るほどの財産を余して世を去った。

　前者は、言うまでもなく「ノーベル賞」の資金源について述べたものである。後者は、これといった明確な使用目的のない財産を所有したまま死んだ、ということを表している。

13 「腹が立つ」と「腹を立てる」——— **125**

13 「腹が立つ」と「腹を立てる」

1 「腹が立つ」と「腹を立てる」は同義か

　慣用句「腹が立つ」と「腹を立てる」について現行の国語辞書数種の語釈をみる。

　　1　日本国語大辞典（小学館、縮刷版第一版第三刷）

　　　　見出し語「はら（腹）」の句項目

　　腹が立つ　怒る。癪（しゃく）にさわる。立腹する。はらだつ。《用
　　例略》＊

　　腹を＝立てる〔＝立つ〕怒る。立腹する。《用例略》

　　2　岩波国語辞典（第三版第一刷）

　　　　見出し語「はら（腹）」の語釈「②（ハ）気持。」の用例

　　「―が立つ」（怒る）「―を立てる」（同上）

　　3　新潮現代国語辞典（第一版第一刷）

　　　　見出し語「はら（腹）」の句項目

　　〔―を立・てる〕怒る。立腹する。腹が立つ。腹を立つ。《「腹が
　　立つ」項なし》

　　4　三省堂国語辞典（三省堂、第三版第一刷）

　　　　見出し語「はら（腹）」の句項目

　　腹が立つ[句]　おこってがまんできなくなる。しゃくにさわる。

　　[他動]腹を立てる（＝おこる）

　　5　新明解国語辞典（三省堂、第三版第五刷）

見出し語「はら（腹）」の語釈㊂「考えや心の働きがそこに含まれると想像された『腹㊀』。」《㊀は生物学的な意味の腹》の用例

「—が立つ〔＝不愉快になり、心の平静が保てなくなる。怒る〕」《「腹を立てる」用例なし》

6 学研国語大辞典（初版）

見出し語「はら（腹）」の子項目

—がた・つ〔—が立つ〕《句》しゃくにさわる。

—をた・てる〔—を立てる〕《句》怒る。立腹する。腹を立つ。

＊引用中の《 》は筆者の注記を表す。

などとあり、１・２・３は明らかに両句を同義的に扱っている。４も「腹を立てる」を「腹が立つ」の他動形として扱っているだけで、その意味の差異は明示されていない。５は一方しか載せていないので細部は不明だが、６で「腹を立てる」の語釈にあげている「おこる」を「腹が立つ」であげている点が興味をひく。１・２・３でも同様であるが、両句を共に安易に「怒る」と言い替えて、つまり同義的に扱ってよいものなのだろうか。

６は語釈の表現面に重なるところはないが、参考までに、「腹が立つ」の語釈にある「しゃく（癪）」の項をみると、語釈②（①は、さしこみの意）に、

不愉快で、腹がたってむしゃくしゃすること。

とあるだけで、「癪にさわる」の句は全く取り上げていない。一方「腹を立てる」の語釈にある「おこる（怒る）」の項には、①に

不快・不満の気持ちを表面に表す。腹を立てる。

とある（②は、叱る意）。両語の語釈を比べても結局見出し語の両句にそれぞれ戻ってしまって、問題の両句の意味の差異はこの辞書の語釈を通しても知ることができない。

もっぱら慣用句を扱った、『国語慣用句辞典』（白石大二編、東京堂、

19版）でも、

　　腹が立つ　怒る・おこるのたとえ・様子。《用例略》
　　腹を立てる　怒る・おこるのたとえ。《用例略》
と、同義的に扱われ、また、『慣用句の意味と用法』（宮地裕編、明治書院、初版）でも、「腹が立つ／腹を立てる」と同一項目として取り上げられている上、

　　意味　心中に怒りの感情の生じる状態を言う。
と、両句に共通する意味の説明がなされている。

　形式的に自動詞形対他動詞形（今ここでは動詞の自他それ自体について論じることは避け、この語をごく常識的な意味で用いておく。また、以下では自動形・他動形と簡略化して用いる）といった対立を示す両句にあって、その意味的な対応関係はどのようなものか。また、この両句に何らかの対応関係があるとした場合、他の慣用句にも類例が得られるか、などといった点について考えてみよう。

2　動詞における自動形と他動形の意味的な対応関係

　問題の両句における自・他の対応について考える前に、一般に自他両形の対立があるとみられている動詞をも含めて、両形を用いた表現の間の意味の対応関係についてみてみる。

　自他の対応関係として最も目につくのは、

　　他動形——意志を持った動作の主体、またはそれに準ずるとみな
　　　　　　　される主体の、対象物に及ぼす何らかの変化や影響を
　　　　　　　表す。
　　自動形——他（他動形における動作の主体）から及ぼされる働きか
　　　　　　　けによって生じる主体（他動形における対象物）自体の
　　　　　　　変化、または、結果として生じる状態を表す。
と一般化し得るような関係である。

他動形		自動形
（ダレカガ）	窓を開ける ── （ソノ結果）	窓が開く
	木を倒す ──	木が倒れる
	電気をつける──	電気がつく
	火を消す ──	火が消える
	位置を変える──	位置が変わる
	ビルを建てる──	ビルが建つ

などの対応関係がそれに当たる。

　他動形が動作主体の能動的な働きかけによって生じる影響・変化であるのに対し、自動形はその主体の受動的な変化であるともとらえられる。そのことは他動形に対応する自動形を欠く場合には

（ダレカガ）	荷物を積む── （ソノ結果）	荷物が積まれる
	新聞を読む──	新聞が読まれる

と、その受動形による表現と対応関係を示す点からもうかがえる。

　慣用句にもこの種の対応関係としてとらえられるものがある。

他動形	自動形
幕を開ける ──	幕が開く
軍配を上げる ──	軍配が上がる
帳尻を合わせる──	帳尻が合う
横槍を入れる ──	横槍がはいる
口をかける ──	口がかかる
罠にかける ──	罠にかかる
手を加える ──	手が加わる
足並みを揃える──	足並みが揃う
義理を立てる ──	義理が立つ
話をつける ──	話がつく
白紙に戻す ──	白紙に戻る

など、自他両形があり、何らかの意味的対応を示しているとみられる

慣用句の多くはこれに当たる。網羅的に取り上げるなら、かなりの数になろう。

　一般に、上記にあげたような対応関係がみられる場合の他動形は、動作主体の意図的な行為としてとらえられるものが多いが、結果としてある状態を生じさせるような行為をたまたま、つまり非意図的に行うといった内容を表す場合もある。

	他動形	自動形
（ダレカガ）	財布をなくす ——	財布がなくなる
	皿を割る ——	皿が割れる
	家運を傾ける ——	家運が傾く

などである。これらにおいて、他動形による表現は、自動形によって表されるような結果を生じさせる要因となる非意図的な行為を、その結果を目的とした意図的な行為と同様にみなしたものであろう。解釈の是非はともかく、動作主体の意図的な行為と同じ扱いを受けていることは確かである。

　これらと同趣の対応を示す慣用句として、

他動形	自動形
箔をつける ——	箔がつく
気を紛らす ——	気が紛れる
男を下げる ——	男が下がる
波風を立てる——	波風が立つ
地を出す ——	地が出る
面目をつぶす——	面目がつぶれる
名を売る ——	名が売れる

などがあげられる。もっとも、末尾の「名を売る」は意図的な行為であることもあり得る。

　これらは、用法上の特徴として、「〜して」といった形で、そういう結果を生じさせる要因となる事柄を示すことが多い。

学位をとって箔をつけた　──（ソノ結果）箔がついた
旅に出て気を紛らす　　　──（ソノ結果）気が紛れる

という関係になるわけである。

　自他両形のそれぞれを用いた表現の間に何らかの意味的な対応関係がある場合には、その関係は概ね今述べたようになるが、自動形・他動形のそれぞれを用いた表現に常にこのような対応関係が認められるわけではない。

（ダレカガ）窓を開ける　　　──（ソノ結果）窓が開く
（ダレカガ）蒸気で布を湿らす──（ソノ結果）布が湿る

という対応関係はあっても、

×風がドアを開ける──風でドアが開く
×雨が庭を湿らす　──雨で庭が湿る

など、非人為的な、自然現象的な作用などによる場合には、自動形による表現は普通に成り立つが、他動形による表現は一般には成り立ちにくい。

　動作主自身の自律的な動作・作用も当然のこととして、形式上は対応する他動形があっても、表現上対応することはない。

×日を照らす──日が照る
×月を出す　──月が出る

など、自然現象を表す表現においては、他動形を用いた表現と対応関係を示さないのが普通である。

　一方、他動形によって表される表現は、形式的に対応する自動形があれば、既にみたように一般にその多くは自動形を用いた表現と意味的に対応させることが可能である。

　慣用句においても、

頭を下げる──頭が下がる
気をつける──気がつく

などは、形式的には自他の対応があるものの、上述のような形での意

味的な対応は認められない。慣用句の形式を備えてはいても、常にこうした対応関係が認められるわけではない。つまり、法則的な現象としてとらえようとするには無理がある。

3 「腹が立つ」と「腹を立てる」の用法

　「腹が立つ」と「腹を立てる」の間には、前節でみたような対応関係が認められるだろうか。
　動作主の意図的な行為とその結果、つまり、
　　（ダレカガ何カニ対シテ〔意図的ニ〕）腹を立てる——（ソノ結果トシテ、ダレカノ）腹が立つ
という対応関係としてとらえることは、句の意味が意志による抑制のききにくい心的変化を表す点から、明らかに無理である。
　「腹を立てる」を動作主の非意図的な行為の結果生じた状態を表すものとみることも無理である。「腹を立てる」結果に至る要因として動作主自身がかかわる場合もあるが、一般には他から与えられた要因に基づくのが普通であるから。
　前節で取り上げた対応関係のどちらにも属さないとすれば、それらとは異なる意味的な対応関係がそこにあるのか、また、形式的に自他の対応があるだけで、意味の上では同義とみなしてよいのか、実際の用法を観察しながら検討を加えてみよう。
　用法を通して観察されることをあげると次のようである。
Ⓐ　「腹が立つ」及び後に補助用言を伴った形が、「ない」「た」を除く陳述要素を伴わずに用いられた表現にあっては、その主語は一人称、つまり表現主体自身である例が大きな割合を占める。「腹を立てる」には主語の制約は特にない。
　　①「…申請するつもりです。ですから、お嫁さんには、そのつもりでいるように言ってください」／私は腹が立ってきた。わず

か二か月でただのお嫁さんを探すのさえ至難な業なのに、今度は、アメリカ市民になるつもりのお嫁さんでないと困ると吐かすのだ。（井上ひさし「家庭口論」）

② わたしは、おじいさんたいへんだなあ、と、おもいました。ごみをすてて行く人に、はらが立ちます。（『毎日新聞』S59・8・13）

③ …女の私にはあそこで怒号せずにはいられない気持はよくわかる。テレビを見ていてさえ、腹が立って胸が波立った。（佐藤愛子「女の学校」）

④ みんなは先生とともに去ってしまい、私ひとりが残された。私は腹が立った。先生が、わざとそうしたのであることは判った。判っただけに、よけいに腹が立ち、「……」と思ったのである。私は電車に乗ってホテルへ帰る道すがらも、腹が立って腹が立って仕方がなかった。（『P・H・P』437号）

など、「腹が立つ」主体が「私」であることの明示された例の他にも、文脈から主語を一人称ととらえてよいものが数多くみられる。

　主語が表現主体以外の例も、

⑤ こんな理不尽をされてはだれだって腹が立つ。（井上ひさし「巷談辞典」）

⑥ 彼女は、ヤタラに腹が立つのであるが、その怒りの底に、安堵のようなものがあるのが不思議だった。（獅子文六「自由学校」）

⑦ そわそわしているうちに、神経のたっている彼女は、何故いつも自分が広介にばかり気を費わねばならぬのかと腹が立って来たりした。（佐多稲子「くれない」）

⑧ しかしそう思うと彼は自分がいやになると共に可哀想になり、腹が立って来た。（長与善郎「青銅の基督」）

などと数多くみられるが、それらに特徴的なことは、⑤の不定称の例を除いて、採集した用例の範囲においてはすべて文学作品に限ら

れている点である。このことは、文学作品では、「彼はうれしかった」「彼女はひどく寒く感じた」など情意・感覚を表す形容詞の用法が一般の日常的な用法と異なることがあるのと共通の事情によるものであろう。文学作品においては、作者の観察者としての視点が作中人物に転位して、三人称の主語を立てておきながら、一人称的な述語をとらせてしまうものと考えられる。

「腹を立てる」にはその動作主についての人称上の制限はみられない。

⑨ 僕は、その子を見た瞬間、腹を立てることを忘れてしまった。（『P・H・P』423号）

⑩「そうかしら？それにしても、おじいさんもおじいさんだわ。人の好意は、ありがたく受けとくものよ。思い出したら、なんだか腹が立ってきたわ」／「良いことをして、腹を立てるというのも変な話だね。……」（『ニューモラル』134号）

⑪ …やがて奥さんは、「あんな冷たい人とは思わなかったわ！」と腹を立てるようになった。（佐藤愛子「女の学校」）

など、一人称から三人称まで広く例を拾うことができる。例⑩は「ダレカガ」と不定の三人称にとることも可能だ。二人称と断定できる例は得られなかったが、「君はさっきから何に腹を立てているのだね」といった表現は十分にあり得る。

Ⓑ 「腹が立つ」には感情の生起する様相自体を表す表現形式がある。

一つは「腹が立ってくる」である。例①⑦⑧、及び⑩にもみられる。

さらに、

⑫ 最近、やたらと子どもが庭に入り込んで探し物をしている姿を見うける。…ひと言「入らせてください」なり「取ってください」がないから腹も立ってくる。（『毎日新聞』S59・5・23）

⑬ 女に対する侮辱のように感じられ、かえって腹が立って来ま

した。（森敦「月山」）

など、例をあげればきりがない。

　また、一つは、感情の抑制がきかず、あるいはある感覚から逃れられず、耐え難い思いをするといった意を表す補助的な形式を伴った「腹が立ってならない」「腹が立ってたまらない」の表現形式である。

　⑭　腹が立ってならないが、無論、文句の持って行き所は無いのである。（小沼丹「槿花」）

　⑮　今日まで二十年の間家族のために一生を犠牲にしてしまったことが、いかにもにがにがしく、腹が立ってならなかった。（永井荷風「濹東綺譚」）

　⑯　イイ歳ヲシテコンナ子供ニタワイモナク泣カサレタコトニ、予ハ腹ガ立ッテ溜ラナカッタ。（谷崎潤一郎「瘋癲老人日記」）

例④の「腹が立って腹が立って仕方がなかった」も同趣の表現形式である。

　これらの表現形式を機械的に「腹を立てる」に代入した、「腹を立ててくる」「腹を立ててならない／たまらない」という表現形式は、一般に成り立たないか、特殊な条件で成り立ったとしても、「腹が立つ」の場合とは意味を異にする。

Ⓒ　「腹を立てる」には、動作性動詞と共起関係にあるのが普通の接続助詞や助動詞などを伴う表現形式がある。

　⑰　仕方なく僕は腹を立てながら、すぐそばに席が空いていたにもかかわらず一番遠い椅子へ行って腰をおろした。（安岡章太郎「悪い仲間」）

　⑱　私は腹を立てつつ暗澹となるのである。（佐藤愛子「女の学校」）

　⑲　こんな理不尽をされてはだれだって腹が立つ。いや、これは義務としても腹を立てるべきだろう。（井上ひさし「巷談辞典」）

　⑳　さっそくですけど、今日は不愉快なことを書かなくてはなり

ません。どうか腹を立てないで、おしまいまで読んでください。
（井上ひさし「十二人の手紙」）

　上のような「〜ながら」「〜つつ」や「〜べきだ」、また、「〜て／〜ないでください」を伴った表現形式は「腹が立つ」にはない。

　㉑　そこまで原因を探り出して見れば、だれにむかって腹を立てていいかわからない。（石川達三「人間の壁」）

のように、「〜に向かって」の形で感情を発散させる対象を表したり、「〜ていい」と許容を表す形式と結びつけたりすることも、「腹が立つ」にはない。

Ⓓ　感情の生起とそれに付随して現れる主体の状態や動作を接続助詞「て」によって結びつける形式は「腹を立てる」のほうに多く現れる傾向がある。

　㉒　…自分の不甲斐無さに腹を立て、ボロボロと、大粒の涙を流したものだった。（『P・H・P』437号）

　㉓　生活もかえりみない夫に腹を立て外に出てしゃにむに働いてはきたけど……。（『P・H・P』423号）

　㉔　この店で働く人は、何が気にいらぬのか、いつも不機嫌な顔をして、包丁の背で俎をパンパン叩いている初老の男、些細なことでもすぐに腹を立てて、雑巾を投げつける御飯炊きのおばさん等、…。（『P・H・P』433号）

上のような継起的な状態や動作を「て」によって（または連用中止法によって）結びつける表現は「腹が立つ」にも、

　㉕　恭子は迂闊にも父に気をゆるしたことに腹が立ち、笑いが消えると急にまたむっつりした。（芝木好子「隅田川」）

　㉖　なんだか無性に腹が立って来て、失礼なことをするな！と、その妹娘に咆鳴ってやりました。（太宰治「駈込み訴え」）

などとみられるが、㉒㉓のように、主体が一人称の場合にも「腹を立てて〜」という形式になる用例のほうが多く得られた。この傾向は、

主体が何人称であれ、現実の世界における出来事としては、過去を回想して用いられるのが一般だということに関係があるのだろう。

E 「腹を立てる」には、表現主体以外の人にそのような感情の生起があったことを表現主体に感じさせる要因となった事柄を、「ダレダレガ腹を立てた」などに先行して表現する叙述形式がままみられる。

　㉗《久保栄の父》「…小市民的な装飾音で言葉を飾り立てゝ、主題の薄弱さをおほひ隠そうとしたり、大衆のためと称して、仮名の多い文章を書きながら、欧文脈をそのまゝ真似てゐたりする傾向には、私はくみしない。」／久保栄氏は、淡白で繊弱な日本の文章に腹を立てているのである。(清水幾太郎「論文の書き方」)

　㉘三好君が激しく言葉とがめをするのを何度も聞いたことがある。「何々さ」という言い方がはびこるのに腹を立てていたのを覚えている。(『朝日新聞』S 54・11・13)

　㉙故意か偶然かはわからぬが立ち上るときに、わたしの顔にぱっと砂をはねあげる。白川由美だの若尾文子だのと天下の美女が続けざまにわたしの話の中に登場したので、腹を立てているのだろう。(井上ひさし「家庭口論」)

㉗～㉙の下線部は第三者にもはっきりととらえられるものであり、それを表現主体が「腹を立てる」という感情に起因するものととらえているのである。このような表現に対応する「腹が立つ」の表現としては、「わたしは思わず灰皿を投げつけた。ひどく腹が立ったのである」のようなものが期待されるのであるが、用例を得ることはできなかった。

4 「腹が立つ」と「腹を立てる」の意味・用法の差異

前節の考察を通して、両句の意味・用法の差異について、概ね次の

ような見通しが得られる。

腹が立つ

① 主体の心内に生じる感情の変化そのものを表す。

② 心内に生じる感情を表すという点で、形態的には動詞であっても、意味的には形容詞に近い性質がある。

③ 心内に生じる変化であるから、「腹が立つ／立たない／立った／立たなかった」の範囲で用いられる場合には、その主語は変化を自覚しうる感情の所有主自身、つまり一人称になる。

④ 二人称・三人称を主語とする場合には、感情の所有主である主体の心内に、その種の感情が生じたか否かを問いかけたり、生じたものととらえたことを表す表現主体の判断辞を添えたりする形で用いられるのが普通である（文学作品には例外がある）。具体的に言えば、

　　　　君は腹が立った<u>か</u>／立たない<u>か</u>

　　　　彼は腹が立った<u>のだ</u>／<u>だろう</u>／<u>ようだ</u>／<u>らしい</u>／<u>にちがいない</u>……

のように用いられるということである。（このことについては次節の実験結果を参照）

腹を立てる

① 主体の心内に生じた感情の変化が基になって、表情・態度・言語等に投影された何らかの変化を、その起因となる感情の変化と一体化させて、動的な変化として表す。

② 内に感情の変化を含みながらも、外面に現れる変化をとらえている点で、動詞的な性質が「腹が立つ」より強い。

③ 外面に現れた変化をとらえるのであるから、人称にかかわりなく、客観的な観察の対象となる主体について広く用いることができる。

④ 一人称を主語とする場合には、表現主体が自己の心内に生じた

感情の変化とその結果とった行動などをやや対象化してとらえるといった含みが強い。

　両句に見られる意味・用法上の差異は、情意・感覚を表す形容詞（希求の助動詞「たい」も含めて）と、それに接尾辞「がる」のついた形式との差異にきわめて類似している。

　　うれしい　　——うれしがる
　　悲しい　　　——悲しがる
　　欲しい　　　——欲しがる
　　（遊ビ）たい　——（遊ビ）たがる

の間にも、「うれしい／悲しい」の類が過去・否定といった要素を伴った範囲では、もっぱら一人称に用いられ、二人称・三人称に用いる場合は何らかの陳述的要素を必要とする点、また、「〜がる」の類が外面に表れる客観的な面からとらえた表現である点などが認められる。（形容詞とそれに「がる」のついた形式とのかかわり合いについては、「教師用日本語教育ハンドブック④『文法Ⅱ　助動詞を中心として』」（国際交流基金、S55）にやや詳しく触れた）

　「うれしい／悲しい」などの類と「腹が立つ」、「うれしがる／悲しがる」などの類と「腹を立てる」などが、それぞれ一群の語群を形作り、意味的な対立関係を示しているととらえることができるだろう。

5　おわりに

　この問題を考え始めた当初は、用例の採集も不十分なままに、感情を抱く主体の人称に何らかのかかわり合いがあるのではないかという予測を立てた。そこで用例の不備を補う目的も兼ねて、予め設定した例文を用意し、人称を指示した上で、両句のどちらかを入れてもらう実験を試みた。その実験結果は次のようである。

	例　文	人称	自動形	自他両形	他動形
1	あの時のことを思うと、今でも——てくる。	①	32	0	0
2	思わず——てどなってしまったが、すぐにしまったと思った。	①	0	5	27
3	そんなつまらないことに——ていられない。	①	0	0	32
4	近ごろは——ことばかりだ。	①	31	1	0
5	あんなひどいことを言われても、——ないのですか。	②	26	4	2
6	あの人の態度にはだいぶ——た御様子でしたね。	②	2	26	4
7	この間の一件で、まだ——ているのですか。	②	2	9	21
8	ぼくの言ったことで——う（よう）がどうしようが君の勝手だ。	②	0	0	32
9	あの男はよほど——たらしく、席を蹴って帰ってしまった。	③	9	18	5
10	彼女はいつも何かに——ているような顔をしている。	③	0	3	29
11	彼はささいなことにすぐ——くせがあるから気をつけなさい。	③	0	0	32
12	あんなに——彼を見たことは、今までになかった。	③	0	0	32

┌ 右の実験に応じた人は32名でその内訳は次の通りである。（　）は女性の内数）
　　日本語教育関係者8（5）、大学教員6（1）、サラリーマン7、主婦5（5）、学生6（4）、
　　年齢構成からは次のようになる。
└　　60代2（1）、50代8（3）、40代6（2）、30代8（4）、20代8（5）

実験の結果、必ずしも明らかな事実を汲み取ることができたとは言い難いが、実例を通してははっきりととらえられなかった点が一つはある程度の見通しが立てられるようになった。「腹が立つ」を二人称・三人称を主語とする表現に用いる場合には何らかの陳述的要素を必要としそうだという点である。

この実験を行う際に、問題の両句と同趣の意味的な対応関係があるのではないかと予想して、

　　　腹／おなかがすく――腹／おなかをすかす
　　　胸が痛む　　　　――胸を痛める
　　　気が散る　　　　――気を散らす
　　　愛想が尽きる　　――愛想を尽かす

についても、先と同様の実験を試みた。この実験を通してだけでは確定的なことは言えないが、「腹が立つ」「腹を立てる」と相通じるいくつかの共通項は取り出せる可能性がある。

　付記. 本稿を作製するに当たって、宮地裕編（1982）『慣用句の意味と用法』（明治書院）、及び、中村明著（1993）『感情表現辞典』（東京堂出版）から一部用例を借用したことをお断りすると共に、両氏に御礼申し上げる。

14 類義と称せられる接尾語について
─特に「ぎわ」「しな」「がけ」の場合─

1 はじめに

　類義語、あるいは類義表現と称せられる、相似た意味・用法の語句がある。それらは、我々の日常の言語生活においては、その意味の異同など殊更に問題にされるわけでもない。ところが、留学生その他、外国人に日本語を教授する場合に、その類義的な語句の微妙なニュアンスの違いなどについて、学習者の語感に訴えたりして理解させようとすることは到底望むべくもなく、意外に教授者をとまどわせることがある。

　この種の語句は、「様子」「状態」「有様」、「突然」「急に」「いきなり」など自立語に属するもの、「行けば」「行くなら」「行ったら」の「ば」「なら」「たら」の如く付属語に属するものなど枚挙にいとまがない。これらは、それぞれ語彙論ないしは意味論の問題、あるいは文法論の問題として扱われるものである。そして、その面に関する研究も幾分かは進められてきている注。

　ところが、この種の問題が接尾語などに関することとなると、接尾語の研究自身が、語彙論と文法論の谷間に埋没し、閑却されているのが現状のようだ。

　これから考察しようとする接尾語「ぎわ」「しな」「がけ」もその種の一つと言えよう。なお、ここでは、これらの接尾語「ぎわ」「しな」「がけ」が、「帰りぎわ」「登りしな」「行きがけ」などと、動詞連用形

（漢語＋サ変動詞には語幹）と結合して体言を構成する場合だけに問題を限って、その意味の異同を検討することとする。（「ぎわ」については、それを接尾語とするかどうか疑問のあるところだが、他と比較検討する上で、本稿では同様に扱っておく。）

　意味の類似した語句について、相互の意味の異同を手っ取り早く知ろうとするならば、その手懸りを誰しも一応は辞書に求めようとするだろう。どのような違いが各接尾語の間に見出せるものか、手許にある国語辞書の中から、基本的な現代語を中心に編集された小型辞書を数書調べてみよう。

　ここでは、次の七つの辞書に当たり、各接尾語の語釈を比較した。

１．明解国語辞典（三省堂）　　　２．三省堂国語辞典（三省堂）
３．例解国語辞典（中教出版）　　４．新選国語辞典（小学館）
５．岩波国語辞典（岩波書店）　　６．新国語辞典（大修館）
７．講談社国語辞典（講談社）

（上を１から順に、明解・三国・例解・新選・岩波・新国語・講談社、と略記する）

　各辞書の語釈を、それぞれの接尾語ごとに列挙すると次のようになる。但し、各辞書間にみられる、表現上あるいは表記上の細かい差異は無視して、一本化して示したものもある。

ぎわ	しな	がけ
とき（明解・三国） 〜しようとする時（新選・岩波） 〜し始める時（新選・岩波） あることになりかけた時（例解） 場合（例解）	その時（明解・三国・例解・新国語・講談社） その折（新選・岩波） その場合（例解） そのついで（例解・新選） 〜がけ（明解・三国・岩波・新国語・講談社）	〜しようとする時（明解・三国・講談社） 〜する途中（明解・三国・例解） 〜するついで（例解・新選・岩波・新国語）

　上のように、この三つの接尾語は、互いに語釈が重なり合っていて、

その意味の違いを判然と区別することはなされていない。現行の国語辞典でこのように扱われていることは、この三つの接尾語を類義のものとしてとらえていることを示すに他ならない。これが、「ぎわ」をはじめ、それらを類義語とし、その意味の違いを明らかにしようと意図させた所以である。

　注. 国語研究所（1965）『類義語の研究』（秀英出版）、（1964）『講座現代語』（1968）『口語文法講座』（以上、明治書院）など。

2　「ぎわ」「しな」「がけ」の実例

　この三つの接尾語は、今、現行の国語辞書で見たように、元来その意味の境界を明らかにし得ないものなのか、単に類義と称して、それ以上の追究を怠っていたものなのか、ここで実例に即して検討を加えてみよう。

　以下に、その実例を示す（実例の出所を示す（　）内で、Sは昭和を指し、以下の数字は順に年・月・日を表す）。

ぎわ

（1）おふろの**上がりぎわ**に水を五、六杯かぶる習慣をつけてもよい。（「夏ばてはこうして回復」読売新聞、S 44・9・8）

（2）**追越しぎわ**にジグザグ運転で大きなお尻を振ってみせたり、向うから来た仲間のダンプと、わざと正面衝突寸前みたいな放れわざをやってのけたりする。（前田武彦「どらいぶ風土記ルート '67（44）」週刊朝日、S42・11・10）

（3）私たちのグループで、（中略）その中のひとりの男の子があるとき、**解散ぎわ**にスッとよってきて私の耳に“すきだよ”というんです。（「新・恋愛文法・七つの法則」平凡パンチ、S41・1・3）

（4）辰蔵は、しみじみと、滝脇村石御堂での秘密の寄合いから家を毀された次第をくわしく打明けて語るのを仙吉はいちいち“気の毒になあ”“もっともだとも”とうなずいてきいたうえ、**帰りぎわ**には“兄貴、ほんの気持だけ”と金子一分包んでおいていった。[兄貴とは辰蔵を指す。筆者注]（杉浦民平「渡辺崋山 (68)」朝日ジャーナル、S44・4・27）

（5）東京大学地震研究所を訪ね、森本所長と懇談。今春、定年でやめられた萩原尊礼教授に**帰りぎわ**にお会いしうれしかった。（吉武素二＜公私拝見＞欄。週刊朝日、S 44・4・25）

（6）わが夫よ男らしかれと老妻が強く諌（いさ）めぬ**出勤際に**（船越あつし＜日経歌壇＞日本経済新聞、S 42・4・23）

（7）私は謝辞を述べる前に、ここで碁と将棋の話をしたが、（中略）子母沢さんは私の**立ちぎわ**に、「私でお役に立ちますなら、またいつでもお出かけ下さい。（後略）（永井龍男「沖田総司（1）」週刊朝日、S43・11・9）

（8）**出かけぎは**妻がみがきし靴なれど今朝も会社にてタオルでぬぐふ（白石忠明＜毎日歌壇＞毎日新聞、S 43・4・21）

（9）電灯線のガイシなどについた塩分が、停電事故を起こしたりすることもある。雨が降ると洗われるのだが、その**溶けぎわ**に事故の起こることもあるので、油断はできない。（＜きょうの天気＞欄。朝日新聞、S40・9・21）

（10）ぼくの生活周期は二十四時間システムになっていないらしく、寝る時間も、起きる時間も、たえず少しずつずれてゆく。だから、午前四時前後は、**起きぎわ**のこともあれば、寝る直前にあたることもあり、またちょうど仕事の中休みになることもある。（安部公房「多摩丘陵＜新日本名所案内（63）＞」週刊朝日、S40・7・9）

（11）もはや夜の**明けぎは**なるか冷え冷えと国道過ぐる自動車の音（松本繁太郎＜毎日歌壇＞毎日新聞、S43・2・11）

(12) 「冬」去りぎわの一荒れ（＜ニュース・グラフ＞欄見出し。朝日新聞、S44・3・12夕刊）

(13) 愛知官房長官は、（中略）荒船氏の心情を察してか「荒船君の**引きぎわ**は、まことにいさぎよかった」と、さかんに"詰め腹"を切らしたのではないことを繰り返し（後略）（＜政界メモ＞欄。読売新聞、S41・10・12）

(14) 東京放送にみる会長と社長の**辞めぎわ**（広告欄。日本経済新聞、S44・1・15）

(15) 別れるときの彼女の様子が眼に戻ってくる。いつも**別れ際**の悪い彼女が、一か月のうちに遇えると聞いてひどくはずんだ姿でタクシーに乗ったのだ。（松本清張「黒の様式＜第六話＞」週刊朝日、S43・3・8）

しな

(16) 例えば、電話の受話機を耳にするなり響いてくる"お早うございます"とか、タクシーを**降りしな**の"有難うございました"といった、真心の籠った日本語は、（後略）（伊吹一「現代語にみる表情と提言」日本語、S40・12）

(17) こんなヤツは、エレベーター軽犯罪として取締るべきであると思うのは、**降りしな**に素早く、各階のボタンを全部押していく不心得者である。（俵萌子＜なんとか専科＞欄。週刊朝日、S42・9・29）

(18) 後方座席に三人づれの若い男の人がいて、（中略）五百円札と千円札を出すので、こまかいのをお持ちでないか、ときくと、三人とも立ちあがり座席に十円銅貨を十二枚ならべました。（中略）わたしはお金を拾い、四十円券を切って、それを三枚座席に並べてやりました。三人組は**降りしな**に「バカヤロ」とどなりました。（川島末子＜風＞欄。産経新聞、S41・3・1）

(19) **帰りしな**ファンに「あすも必ず勝って」といわれて「ええ、やるよ！」と頼もしい返事をしていた。（「さじき席＜大相撲（初）第一四日目＞」朝日新聞、S41・1・30）

(20) 物を売る側がごちそうするのはよくあるが、買った側が接待するのはめったにない。その営業マン、喜んだり気味悪がったりしたが、**帰りしな**にそっとそでをつかまれた。なにをいわれるかと思ったら「あの機械はほかの会社には売らないでくださいね。」（「他社へ売るな」＜振り子＞欄。日本経済新聞、S41・10・19・夕刊）

(21) 兵たちがいっせいにたちあがってそのあとを追った。ウェイン大尉もイーガンもそのあとを追った。メイヤーが**たちあがりしな**に電話機をおとし、コードを踏みちぎってしまった。（開高健「渚から来るもの（41）」朝日ジャーナル、S41・10・9）

(22) **出しな**に暦をのぞいて来たんや。（桂米朝「持参金」桂米朝上方落語の会、S42・5・2）

(23)「お湯ですか、焼芋ですか」と、**出かけしな**に、鈴木佐吉がきいた。焼芋も、おなじく十六文なのである。「湯だ」継之助は言い、着流しで出かける。（司馬遼太郎「峠（20）」毎日新聞、S41・6）

(24) **登りしな**に階下の部屋を覗くと、一人の男が寝台に仰臥して、長煙管で阿片を吸っていた。（千葉治平「虜愁記」オール読物、S41・4）

(25) **曲がりしな**に振向くしぐさ静かにてわが偽りを知らぬ礼する（黒田良吉＜毎日歌壇＞毎日新聞、S42・4・23）

(26) 私自身も生きて帰れる望みはもっていませんでした。ただ、**別れしな**、残った兵隊さんたちは、皆涙ながらに、自分の名前と出身地を私に聞かせてくれました。（高橋和巳「邪宗門（62）」朝日ジャーナル、S41・3・6）

(27) 三人の客は（中略）口ぐちに感歎の声をだし、弥平のもてなしに感激するのだった。一行が酩酊した腰をあげて、上林家を出たのは九時過ぎ、外へ出ると真上の空に上弦の月が出ている。「芳崖先

生に……あなたのことをよく話しますよ。弥平さん」**別れしなに**一
松清風はいった。（水上勉「弥陀の舞（24）」週刊朝日、S41・8・9）

(28) 「**寝しなに**菓子をたべると歯が悪くなるでやめやー」という「寝
しな」は「寝る直前に」の意である。「学校へ**行きしなに**この手
紙を一本入れてってちょう」といえば、「行くついでに」のこと。
（＜なごやべん＞欄、中日新聞、S41・6・23市民版）

(29) **ネシナワ**（寝るときは）オヤスミヤスヤワネー。〔（　　）内は井
之口氏注〕（井之口有一「"京ことば"を見る」言語生活、S43・7）

(30) **来しなの**横須賀の窓外には、いまを盛りの桃の花があちこちに
見受けられたが、（後略）（倉島竹二郎「王将リーグ戦"シード決定"」
毎日新聞、S40・4・6）

がけ

(31) **起きがけの**何分間かは肉体の疲労度を知るバロメーターです。
（広告欄。毎日新聞、S43・4・23）

(32) 昨夜亥の刻の**退出がけ**、朔平門東の辺にて、武士体の者三人ば
かり、白刃を以て不慮に狼藉に及び、手傷相帯（おわ）せ逃げ去り
候につき、直ちに帰宅療養仕り候。（大佛次郎「天皇の世紀（552）」
に引用の姉小路公知の文。朝日新聞、S43・12・3）

(33) おれの這入った団子屋は、遊郭の入口にあって、大変うまいと
云ふ評判だから、温泉に行った**帰りがけに**一寸食って見た。（夏目
漱石「坊っちゃん」漱石全集第二巻、岩波書店）

3－0　「ぎわ」「しな」「がけ」の意味・用法

ささやかながら上にあげた実例を通して、「ぎわ」「しな」「がけ」
の意味を考察し、且つ相互に比較してみよう。（以下、（　）によって

示す算用数字は、すべて実例に付した番号である。)

　上述の実例を通して、この三つの接尾語は、その語釈を取り上げた各辞書に記載された意味からもわかるように、意図的か非意図的かは問わず、何らかの点で、「まさにこれから行おうとする時にかかわり合いのある意味」を負っている。

3－1　「ぎわ」について

「ぎわ」を用法によって分類すると次のようになる。
- a. 助詞「に」を伴って連用修飾的に用いられたもの……(1)(2)(3)(4)(5)(6)(7)(8)(9)（但し、(8)は助詞「に」を伴わずに連用修飾的に用いられている）
- b. 助詞「の」を伴って連体修飾的に用いられたもの……(10)(12)
- c. 助動詞「なり」を伴って述語として用いられたもの……(11)
- d. 主語として用いられたもの……(13)(15)
- e. 共起する動詞は不明だが、他動的な意味を持つ動詞の対象語として用いられたもの……(14)

最も多いのが a の連用修飾的な用法で、集めた用例の六割を占めている。先ず、この連用修飾的な用法からその意味を検討してみよう。
　(1)～(8)の「おふろの上がりぎわ」「追越しぎわ」「（グループの）解散ぎわ」「帰りぎわ（二例）」「出勤際」「立ちぎわ（座っていた人が立とうとするその時）」「出かけぎは」の例は、いずれも後続の動詞によって表される行為に何らかの時間的な限定を加えるのに用いられている。しかも、後述の動詞によって表される行為は、「～ぎわ」の「～」によって表される行為に先行するものであることが看取される。つまり、かなり大胆に「Xぎわ（に）Yする」と図式化すれば、Yの後にXが行われるという関係でXとYをとらえることができる。このことから、これらの「ぎわ」は、ある時期・時点を表す表現として、Y

からⅩへと進行する継起的な行為について、後続の行為Ⅹを軸として、先行する行為Ｙに時間的な限定を加える場合に用いられる接尾語とすることができる。その表す意味を他の語に言い換えるなら、「……直前」とでもいうことになろうか。もっとも、「追越しぎわ」「解散ぎわ」の例は、文脈に即して考えれば、既に「追越したり解散したりし始めてはいるが、まだ完全にその行為が完了していない時点を表すものとみることもできるから、「……し始めた時」という方が適切だといえる。しかし、「追越す」「解散する」の意を、その行為の完了した時点でとらえたものとすれば、先の「……する直前」をそのまま適用しておいてよい。(9) の「溶けぎわ」も、電線などに付着した塩分がすっかり洗い流される状況を指すととらえてよいだろう。多少の疑問は残るが、「溶ける」作用を塩分がすっかり洗い流される時点でとらえたものとすれば、前者、つまり、まだ完全にその行為が完了していない状態と同様に扱える。

　必ずしも多いとは言えない用例を通して（引き際、帰り際、別れ際など）、何らかの意味で行為の主体の移動にかかわる用法が目立つ。これらの動作は、当人が、どの程度自覚して行おうとしているかは、個々に差異があり、一般にこれこれだとは言い切れないが、つまり、それまで続けていた動作と、必ずしもスムーズに続いてゆくという保証は得られないということが、十分にあり得る。

　必ずしもその行為がその時点まで行っていた動作とは直接のかかわりのない動作として、何らかの点でこれからしようとする動作について、多少は改まった意識や態度を抱かざるを得ないような状況に、行為の主体が身を置いている時点ととらえて用いた表現だとみることができる。

　以上の如く修飾・被修飾の関係に着目して抽出した「ぎわ」についての解釈は、用法を異にする他の実例にも適用できるだろうか。

　(10) の「起きぎわ」は、文脈からは、起きる直前か、起きた直後

なのか判断しかねるが、前記の解釈に従って、「目を覚まして床を離れる直前」として差支えなかろう。

　(11)の「夜の明けぎは」や(12)の「"冬"の去りぎわ」は、「夜が明ける」ことや「冬が去る」ことが、いつからそうなると、時間的にはっきりと境界を引くことのできる現象ではないという点で、現象をどんな時点でとらえたかによって、「ぎわ」に負わされる意味の解釈に微妙な差異が生じ、「……する直前」とは言い切れないところだ。だが、少なくともまだ「夜が明けた」「冬が去った」と言うには至らない時点、あるいは時期を表すものであることは間違いない。その点で(2)(3)の「追越しぎわ」「解散ぎわ」と通じるものであるとみたい。

　(13)～(15)の「引きぎわ」「辞めぎわ」「別れ際」になると、前述の「……する直前」という意味とは直ちに結び付けることができない。これらは、「引く時」「辞める時」「別れる時」そのものであって、その直前をさすものではない。類例として「死に際」「往生際」などをあげることができるが、これらも含めて「引きぎわ」以下の諸例を見るに、いずれも活動がそこで停止し、先へは続かないという、消極的な意味合いの動詞に「ぎわ」の付いたものである。即ち「～ぎわ」によって、いわばある極限的な事態が表されていることになる。その点で、これらの「ぎわ」には、「今はのきわ」などの「きわ」の意味が実質的に含まれていると考えられる。このようにみると、(13)以下の「ぎわ」は、接尾語とするよりも造語成分とすべきではないかという疑問が生じてくる。しかし、両者のどちらに帰属させるべきかという、語構成上の分類原理にかかわる問題にまでは触れず、ここでは、(1)～(12)も含めて、共に接尾語としておく。

　さて、このように「ぎわ」には意味を異にする二類が認められるわけだが、両者、即ち(1)～(12)と(13)～(15)は密接な関連を有するものである。前者がある動作・作用の完了以前の時点、あるい

14 類義と称せられる接尾語について —— **151**

は時期を表すのと同様、後者も「引く」「辞める」また「別れる」のを先に延ばすことのできないぎりぎりの時を表しており、それらの動作・作用が実現してから後は全く問題にされていない点である。また、この二類の別も厳密にはその境界を明らかにできないものである。「引きぎわ」「辞めぎわ」などが極限的な事態を表すと先に述べたが、(1)〜 (12) の例についてみても、「ふろの上がりぎわ」「起きぎわ」「解散ぎわ」「帰りぎわ」その他、それまでの持続したある状態がそこで終わり、新しい局面に変化する時点をとらえての用法が多く見られるわけである。「さくらの花は散りぎわがよい」と言うときの「散りぎわ」も、「すっかり散る直前」と解する方がよいか、「引きぎわ」「辞めぎわ」同様、「すでに散り始めてはいるが、全部散るには多少の間がある時点」と解すべきか決めかねる点がある。

3−2 「しな」について

「しな」の実例を用法によって分けると次のようになる。

a. 助詞「に」を伴って連用修飾的に用いられたもの…… (17) (18) (19) (20) (21) (22) (23) (24) (25) (26) (27) (28) (但し、(19) (26) は助詞「に」を伴わずに連用修飾的に用いられている)

b. 助詞「の」を伴って連体修飾的に用いられたもの…… (16) (30)

c. 助詞「は」を伴って提示語的に用いられたもの…… (29)

「しな」では、連用修飾的な用法が「ぎわ」の場合よりも更に大きな比重を占めている。十五例中十二例と、八割が連用修飾的用法である。

連用修飾的な用法の (17) 〜 (28) の各例は、「〜しな (に) 〜する」という構文をとる点では、「ぎわ」の (1) 〜 (9) と全く同じである。このような構文で用いられる「ぎわ」については、継起的な動作・作用において、先行の動作・作用の時間的な限定を、後続の動作・作用

を基準にして表す際に用いられる接尾語であると述べたが、この「しな」については、その点はどうであろうか。「～しな」が後続の動詞によって表される動作・作用に、何らかの意味で時間的限定を加えていることは疑いない。その限定の仕方が問題である。「ぎわ」と同様、「X´ しな（に）Y´ する」と図式化するとき、Y´ が X´ に先行する動作、つまり X´ と Y´ は継起的な動作であるか否かについてみると、解釈のしようによってはそうもとれる例がある（たとえば、(17) (19) (20) (22) (23) (26) (27) (28) など）が、むしろ非継起的であるとみる方が文脈からみて自然な場合が多い。

　非継起的な動作であることは、連体修飾的な用法ではあるが、(16) の「降りしな」がよく示していると思われる。「降りしなの"有難うございました"」を「(客が) 降りしなに (運転手が) 言う"有難うございました"」と解すれば、連用修飾的用法にみられる構文と同様に扱うことができる。この「降りしな」は、客が既に降りる動作に移っている時に、運転手から「有難うございました」と声をかけられた場面と解すべきであろう。事実においては、客が降り始める前に「有難うございました」という声が掛けられたにせよ、それを継起的だと見る必要はない。それは、客が降りることは運転手の言葉にかかわりなく行われるわけであるからだ。

　再び連用修飾的な用法に戻るが、(18) の「降りしな」と「バカヤローとどな」ることとの関係も、どなってから降りるのではなく、既に降りる動作を始めていて、それを継続しながらどなったものと解釈する方が自然であろう。同様なことは (24) の「登りしな」についても言える。この「登りしな」を「登りぎわ」と同義に解すれば、階下の部屋を覗いてから階段を登り始めることになるが、既に登り始めていて、その途中で「階下の部屋」を覗いたととらえる方が自然な解釈であろう。

　このようにしてみると、「しな」は、「X´ しな（に）Y´ する」の X´

とY´が異なる主体の動作である場合には、一方である動作が既に行われ始めている時、他方からそれとほとんど同時に、あるいは平行してある動作が働きかけられるという場面で、また、X´とY´が同一主体の動作である場合には、ある動作を既に行い始めてから、それとほとんど同時に、あるいは平行して何かするという場面で、それぞれ、その同時にあるいは平行的に行われる動作がどんな状況におけるものかを、既に行われ始めている動作を基準にして表すのに用いられる接尾語であるといえる。

「しな」についての今述べた解釈を他の実例に適用すれば次のようになる。

(17) の「降りしな」は、降り始めてからボタンを押した状況をとらえての表現とすべきだ。(19) の「帰りしな」も、帰途につくべく出口を出ようとした時に、ファンに声をかけられた状況と見ることができる。

(20) の「帰りしな」は、文脈からは「帰る間際」「帰る直前」などとも解することができる。その点で (4) (5) の「帰りぎわ」と区別しがたいが、営業マンが帰ろうとして席を立ち、あるいは出口へ向かおうとした時、買い手に袖をつかまれた場面であるとすれば (19) と同様に扱える。

(21) の「たちあがりしな」は、立ち上がり始めてから完了するまでの間を指すことが明らかだから問題はない。

(22) の「出しな」は状況がはっきりしないが、出かけようとする寸前の状況を表していることは疑いない。(23) の「出かけしな」は、出かけようとしている継之助を見て、その行先を尋ねたものである。(25) の「曲がりしな」は、まさに曲がりつつ振り向いたものと解釈できる。

これら「〜しな」の諸例は、「(まさに) 〜しようとする時」あるいは「〜し始めた時」とでも言い換えるのが文脈に合うようだ。ここで

注意したいことは、単に「～しようとする時」といえば、まだその動作が行われる以前だということになり、先に述べた「既に行われ始めている動作を基準にして……」という「しな」についての解釈と矛盾し、また、「～する直前」ととらえた「ぎわ」との差異が不明確になる恐れがあることだ。しかし、「既に行われ始めている動作」という言葉には、それに先行する動作が完了した後、当該の動作に移るまでの、中間の準備的な段階をも含んでいるものとみることが必要だ。「しな」にはそのような継起的な動作も含まれるととらえることによって、「帰りしな」「出かけしな」などによって表される状況が明らかになり、また、(26)(27)の「別れしな」も、今まさに別れ去って行く寸前であるこの場の状況と対応がつくのである。

(16)～(27)の諸例は、主体自身の移動性の動作を表す動詞と「しな」が結び付いたもので、しかもその動作が実現することによって、それまで持続したある状態から全く違った局面へと変化する、そのまさに変化しようとするぎりぎりの時点を表すものとみることもできる。そのようにみることによって、(28)(29)の「寝しな」も一見異例のようだが既述の「～しな」と同様に考えることが可能になる。

(30)の「来しな」は「来る途中」としか解釈しようがなく、他に類例も求められないので、一先ず例外としておく。(28)に「寝しな」と同じく取り上げられた「行きしな」が名古屋方言であるとすれば、この「来しな」もその一類とみるべきかもしれない。

なお、参考までに、「役者評判記」からとった例を数例あげておく。その意味・用法は、現代語のそれと同じである。

○わがあふ八重桐殿に物数言はず。**帰りしな**に八重桐殿と顔見合はせ、心でうれひうつしてのまく入。どふもどふも。（役者三名物京享保五年二月）

○伴頭の白鼠の仲右衛門是も観音参りかと見えて、いそがしげに参詣に**行_{キシナ}品**に栄華太郎を見て（役者正月詞江戸享保十一年正月）

○あとのきしなのふるまひまで、心をつけてよふ遊はす。（役者袖香炉江戸享保十二年正月）

○此度万宝蔵に、千石官十郎になられ、主人の娘おはなに心をかけ、舞を**教へしな**にふみをやらんとせらるゝ所、大きに出来ました。（役者若見取京享保十六年正月）

3−3 「がけ」について

「がけ」の意味・用法を検討するについて、「ぎわ」「しな」と違って、ややその証とするに足る実例に乏しいが、一応この範囲内でその問題点を取り上げることにする。

（31）の「起きがけ」は「起きた直後」と解すべきだろう。これに類する例として、

○私は**起き掛け**に冷水浴をします（研究社「新和英大辞典」所載例）

があげられる。共に「〜がけ」によってある時点を表すものとみてよい。

（32）の「退出がけ」もある時点を表す表現とみるべきだろうが、「退出」の意味をどうとるかによって、「退出直後」とも「退出する途中」とも解せられる。

（33）の「帰りがけ」は、我々の日常最も普通に耳にする用法である。同様な用法に、「行きがけの駄賃」や「出がけに本屋に寄る」などをあげることができる。いずれも「出る」「行く」「帰る」あるいは「もどる」など、主体自身の空間移動を表す動詞と結合している点で共通するところがある。その動作が始まってから完了するまでの間のある時点を指しており、「……する途中」と言い換えられるものである。

更に、「寝がけに一杯ひっかける」というような、（28）の「寝しな」と区別しがたい用法がある。「起きがけ」を「起きる行為が完了した直後」と解せるのに対し、これは反対に「寝る行為が完了する直前」

と解したいところだが、「寝る」をそれ以前の行為がすべて完了し、あとは寝る行為だけが残っている時点を指すものと解せるなら、「起きがけ」と同様、既にその動作が始まってから後の時点を表すものとすることができる。

このように「がけ」には、継続的な空間移動を表す動詞と結合する「行きがけ」「帰りがけ」の類と、「起きがけ」「寝がけ」のように比較的瞬間的な動作を表す動詞と結び付く類の二類を認めなければならないことになる。これらに共通の意味を引き出そうとするのは困難であるが、「起きがけ」を起きてからその次に行うべき行動へ移るまでの間、「寝がけ」も寝るべく行われる一連の行動に移ってから眠るまでの間とそれぞれ解すれば、「行きがけ」「帰りがけ」同様、ある動作が始まってから次の動作へ移るまでのある時点を指す点で共通性があると言える。

「通りがけ」「泊りがけ」の「がけ」は、「ぎわ」「しな」と対比的にとらえるには異質な面があると思われるので、考察対象から除いた。

「ぎわ」「しな」「がけ」に共通するのは、移動性の動作にかかわるもの、しかも、従前の状態から新たな状態の動作に移行する時点をとらえた用法が目につく。ただ、新事態が完了することによって旧事態とは違った状況が展開することだけは確かであり、その新事態を表現面に展開しようとする意図が表現主体にあったということは疑いない。

付記. 本稿を成すに当り、見坊豪紀先生より多年にわたって採集された貴重な資料をお借りすることができた。実例 (1) 〜 (32) がそれである。また、山田忠雄先生からは、「役者評判記」中の用例をお示しいただいたほか、種々御示教をいただいた。両先生に心からお礼申し上げる。

15 「なまじ」について

1−0 「なまじ」の語源

　意味用法について改めて説明を求められると、にわかに明解な回答の出せる保証がないことばに「なまじ」がある。この語の語源に関しては、「生強い」の変化したものだという説が、各種の辞書に採られている。では、「生強い」とは何かというと、「生」は「生侍／生学問／生煮え」などの「生」と相通じるもので、「未熟だ／不完全だ」などといった意味を表すものであろう。「生」と結合した「強い」は「無理強い」の「強い」と同様で、「強いる」の連用形の名詞的な用法であり、「強制すること」、または、「強要すること」といった意味を表すものであろう。従って、両者を合わせれば、「そうするには至らない段階における強制、ないしは強要」といった意味を表すことになる。

　現代語としての「なまじ」の意味用法を考える上では、語源について掘り下げることはそれほど積極的な意義があるとも思えないので、これ以上詮索することはやめておく。

1−1 「なまじ」の用法

　「なまじ」の意味をどうとらえるかはひとまずおいて、用法に関する面のみを取りあげると、概ね以下のようである。

1. 量的に最も多い用法は、「副詞」として後続の用言（用言句を含む）を修飾するものである。

2. 1．のほかには、「なまじの＋体言」の形で、「連体修飾」として用いられるものがある。

3. 「…は、なまじだ」などと、断定の判断辞を添えたような形で、文末の述語として用いられることは一般にはない。

1．については、さらに次のような特徴が認められる。

(1) 「なまじ会えば別れがつらくなる」

(2) 「当事者に責任を取らせるため、なまじ余計な口出しはしなかった」

などのように、特定の語や語句、つまり（1）は「会う」、（2）は「余計な口出しをする」を修飾しているが、「なまじ」によって修飾される内容は、次のように文に近いような句に及ぶこともある。

(3) 「なまじ音楽の才能に恵まれていたことが、彼女の運命に大きな禍（わざわい）をもたらした」

(4) 「彼は、なまじ上役から目をかけられている自分を、いとわしくさえ思っていたようだ」

などと、文に近い要素が「こと」や「自分」などの名詞でくくられ、一文の動作主格や対象語格となっている名詞句を構成しているものもある。また、

(5) 「なまじサービス精神に富んでいるのが徒（あだ）となって、山田君はいつも損な役割を負わされてばかりいた」

(6) 「なまじ筋を通して事態の解決を図ろうとしたため、かえって窮地に追い込まれてしまった」

などになると、「なまじ」を含む従属節が、主節に述べられている事態を招く原因や理由となることを表したり、前提となる条件を表したりしている用法が多い。

先の（3）（4）についても、「なまじ」を含む名詞句が、ある事態を

生じさせる要因となっているという関係が認められる。

　なお、形態的な面に関しては、「なまじい／なまじっか」といった異形態も認められるが、これらの文体とのかかわりのある異形態については、ここでは特に取り上げることはしない。従って、上述の1．2．を軸にして、その意味との関連で分析を進めることにする。

1－2　「なまじ」の用法の分析（その1）

　以下、実例をいくつか取り上げて、その用法がどんなものであるかを検討してみよう。

① 浅草の男の子も、立派なもので、私がもっぱら女優部屋専門にお酒をのみに侵入しても、それが当然とも心得ており、なまじ男優部屋へ顔をだすと、薄気味わるがるような仕組みになっており、お門が違いましょう、という面持である。浅草もちかごろは変わったそうだ。お客が変わった。（坂口安吾『モンアサクサ』）

② 「いやいや打ち捨てお置きなされ、障らぬ神に祟りなし。なまじ騒いだその為に貴郎にもしもお怪我でもあってはお気の毒でございます」すると利休は哄然と豪傑笑いを響かせたが、「茶人でこそあれこの利休には一分の隙もございませぬ。なんで賊などに襲われましょう」それを聞くと魚屋利右衛門はちょっと気不味そうな顔をしたが、…。　　（国枝史郎『郷介法師』）

③ なまじ十手を振り廻したり何かしただけに猶々始末が付きませんや。でも、梶井という武士も案外捌けた人で、一緒に笑ってくれましたから、まあ、まあ。どうにか納まりは付きましたよ。片方の高島という武士はそれぎり屋敷へ帰らなかったそうです。（岡本綺堂　『半七捕物帳　湯屋の二階』）

④ …どういたしましょうと考えまどうているうちに、なまじ騒

ぎたてて、お家のお名にでもかかわるようなことになりまして
はとようやくこころを定め、目だたぬようにと、そのまま手も
つけずに菰をかむせ、悲しいのをこらえましてお待ちいたしま
しておりましたところへ、お殿様ご帰館のようでござりました
ゆえ、こっそりとお目通りを願い、委細をお耳に達したのでご
ざります。　（佐々木味津三『右門捕物帳　千柿の鍔』）

　例①は、主人公である男性の「私」が、女優部屋に酒を飲みに入り
込んでも何の問題にもされないが、うかつに男優部屋へ出向くと、「妙
なやつが来た」と薄気味悪く思われた、ということで、自分の行動が
どのように受け止められるかもよく考えずに、お門違いのところに顔
を出すような行動について、「なまじ」を用いて表しているのである。
　②は、その頃世間を騒がしていた盗賊について、事々しく詮議立て
をしようとすれば、利休の身にも災難の及ぶおそれがあると、利休と
親交のある魚屋利右衛門が心配すると、利休は、何の問題もないと、
笑い飛ばした。ここでは「なまじ騒ぐ」が、騒ぐことによってどんな
結果が生じるかについての、はっきりとした見通しがないままに騒ぐ
様子を、「なまじ」を用いて表している。
　③は、岡っ引きの手下が、武士を相手に十手を振り回したりした行
動を、「なまじ…」ととらえているのである。これも、①、②と同様に、
武士を相手に十手を振り回すことが、町人風情の分を越えたその時代
にあっては許されない行動である、ということを表そうとしているの
である。
　④は、原因は不明だが、武士同士がけんかの末に相討ちとなってし
まった。事を騒ぎ立てて明るみに出せば、家名にかかわる問題となる
恐れがある、という状況を「なまじ騒ぎたてて…」と、述べているの
である。どんな結果に至るかも十分に見通すゆとりもなく騒ぎ立てる
ことを、「なまじ」を用いて表しているのである。

1－3 「生じる事態に対する見通しの甘さ」

　例①〜④の「なまじ」の用法に共通する点は、個々の例の説明でも触れたように、あることをするに際して、「どのような事態が生じるかについての十分な見通しを欠き、その結果、予期に反する好ましくない事態を招いた状態にある」と、とらえられる内容であるということである。

1－4 「なまじ」の用法の分析 (その2)

「なまじ」の用法には、さらに次のようなものもある。

⑤　今まで、二人のことでは、いろいろご心配をかけました上に、かういふ時にお役に立てないなんて、まつたく、人でなしとお思ひになりませうが、こればかりは、どうか、御勘弁を願ひます。もつとなんとか、お断りの致しやうも御座いませぬが、なまじ作り事を申して、動きが取れない羽目になりましてもと存じまして、あからさまなところを申し上げます。この人に行かれてしまひましては、わたくしもう生きてゐる甲斐はございません……。(急に袖を眼に押しあてる) (岸田國士 『動員挿話』)

⑥　私も、若しもこの男が人々のいう「変わり者」ということを聞いていなかったならば、別に話しかけもしなかったであろうが、なまじ、予備知識を与えられていただけに、それに前いったような退屈さからの好奇心も手伝って、「ほう、すばらしいものですね、これなら輸入ものに、負けませんね」といったものである。ところが、森源は、白い眼をあげて私を一瞥すると、「ふん、輸入ものがいいと思ってるなア素人さ」そう、ぺっとはきすてるようにいうと、知らん顔をして仕事の手を続けてい

た。（蘭郁二郎『脳波操縦士』）

⑦　今日も午前中ずっと小爬蟲類を前に、ぼんやり頬杖をついて
ゐた。少し眠い。前の晩に全然ン眠れなかった日より、<u>なまじ</u>
一・二時間眠れた次の日の方が眠いのである。うとうとしかけ
てハッと気が付いた瞬間、目の前のカメレオンの顔が、ルヰ・
ジュウベエ扮する所の中世の生臭坊主に見えた。（中島敦　『か
めれおん日記』）

例⑤は、軍部から馬丁として徴用されそうになっている夫を、そう
はさせまいとして、徴用されないための姑息な手段としてもっともら
しい作り話をすると、かえって自分たちを窮地に追い込んでしまうこ
とになる恐れがあるということで、包み隠さずに本心を打ち明けよう
と言っているわけである。従って、ここで用いている「なまじ…なり
ましても」は、事態に対する不適切な対応によって好ましくない結果
を招くということを、表している。

⑥は、「わたし」、つまり主人公が、目の前にいる相手についての「変
わり者」だという情報を得ていなければ、関心を抱くこともなく、話
しかけることもなかったであろうが、事前に仕入れていた情報がきっ
かけとなって抱いた興味に好奇心も加わって、その「変わり者」に声
をかけて、すばらしいメロンを作っている、という意を込めて賞賛し
た。ところが、喜ぶどころか逆に、おまえに何がわかるかと、一蹴さ
れてしまった、ということを述べている。ここでは、「なまじ…予備
知識を与えられていた」が、事前に与えられていた予備知識が禍して、
相手の神経を逆なでするような結果になるということにも気づかず、
的外れなことを言ってしまい、相手の反発を招く結果になったという
ことを、表している。

⑦は、喘息の発作に苦しんでいる主人公が、夜、全然眠れなかった
日と対比させて、多少なりとも眠れた状態を「なまじ一・二時間眠れ
た」と述べているのである。十分な睡眠時間が取れたなら状況は変わ

15 「なまじ」について —— **163**

るのであろうが、過ぎたるは及ばざるがごとしの逆で、一・二時間程度の睡眠時間では、かえって好ましくない結果を招く傾向が強まる、ということを表しているのである。

1−5 「生じる事態に対する不適切な対応」

上述の⑤〜⑦の３つの例を通して、ある場合には意図的に、また、ある場合には事のなりゆきで身を置くことになった状況が、好ましくない事態を招くに至る要因となったということを、「なまじ」を用いて表しているのである。つまり⑤のように、他の可能性も絶無とはいえないのに、一つの選択として身を置いた状況がどんなものであったかを表しているのであるから、「事態に対する不適切な対応」と、とらえることができる。

また、⑥のように、これから接する人間についての予備知識は、一般には事をうまく運ぶのに役立つととらえられるのに、ここでは逆に、好ましくない結果を生じさせたり、⑦のように、短時間とはいえ眠れたことは一睡もできなかった状態よりは一般にはましだととらえられるだろうが、ここでは逆に好ましくない結果を招いたりしているのである。つまり、これら二つの例は、前提となっている事柄が予測に反して、後続するような好ましくない事態を生じさせる要因となっているのだ、ととらえられる。

言葉を換えれば、前者、つまり⑤は、事に臨むに際して選んだ手段が置かれた状況から見て不適切なものだということを表しており、後者、つまり⑥⑦は、事を成す際の前提的な状況が、好ましい結果を得ようとするには不適切なものである、という関係が不可避なものとして内在していた、ということを表しているのである。

この種の表現では、その置かれた状況は、事と次第によっては事態を好ましい方向に向かわせることが期待される面があるのに、事実は

それに反する結果となったということを含意する。

1－6　「なまじ」の用法の総括

　先に１－３で述べたことと、上述の１－５のことを合わせると、副詞「なまじ」＋「被修飾要素」によって表される事柄は、次の二つに分かれる。

　　［Ⅰ］何かをするに際し、どのような事態が生じるかについての十分な見通しを欠き、その結果、予期に反する好ましくない事態を招いた状態にある、ととらえられる内容である。

　　［Ⅱ］何かをするに際し、選んだ手段が不適切なものであったり、前提的な状況が好ましい結果を得ようとしたりするには不適切なものである、また、そのような関係が置かれた状況の中に不可避なものとして内在している、ということを表しているのである。

2－0　「なまじの＋体言」の用法について

2－1　現行の国語辞書の「なまじ」の語釈に見える「中途半端」

　現行の国語辞書の多くで語釈に用いている「中途半端」という表現について、まず触れておこう。「なまじ」の用法についても、「中途半端」といった語釈を適用しても違和感のない例もないわけではない。

　　⑧　「なまじの技量では、とても太刀打ちできる相手ではない」
　　⑨　「なまじの芝居より恐ろしい事件が、現実に起きてしまった」
　　⑩　「私たちのなまじの親切心が、かえって彼を苦境に立たせてしまった」
　　⑪　「なまじの知識では、この資格試験には合格できないだろう」

⑧は、多少すぐれていると評価される程度の技量では、相手には通じないということであり、本来必要とされる技量との対比において、「中途半端」な段階にあるということを表している。

⑨は、まさに「事実は小説よりも奇なり」を地でいったような場面を想定すればよい。台本作者がかなり豊かな想像力を発揮しなければ描けない、つまり「中途半端」なありきたりの場面設定では通用しない、ということを表しているのである。

⑩は、彼に対して徹底的に、言葉を換えれば完璧な形で、面倒を見るなりなんなりすれば、救いようがあったかもしれないが、そこまでは至らない、つまり「中途半端」にかけた恩情がかえって好ましくない結果を招いたと言っている、と解することができる。

⑪は、資格試験の問題の程度が高く、かなり高度の知識を身に付けていなければ合格できない、と言っているのである。従って、この「なまじの知識」は、問題の資格試験に合格するのに必要とされる習得段階には達していない程度の知識を指していることになる。つまり、合格するために望まれる状態からみれば、いまなお「中途半端」なものだ、というのである。

上述の例のように、「なまじの＋体言」の形をとったものは、文脈の上で「中途半端」と置き換えても、その意味が通る用法が目立つ。構文論的には、体言相当だととらえられる「なまじ」に、助詞の「の」が添えられた「なまじ＋の」が、文脈上「中途半端な」といった意味を帯びて用いられる例には、さらに次のようなものもある。

⑫　「なまじの金を手にしたことが、彼の人生を誤らせる結果となった」

⑬　「なまじの用心深さが禍して、ここ一番という好機を逸してしまった」

⑫は、それまで持ったことのない大金を手にしたばかりに、その適切な活用法が見いだせず、投機的な事業に手を染めたり、ギャンブル

にうつつを抜かしたりするなどして、結局元も子もなくしてしまった、ということを表しているのである。その場合の「なまじの」の用法は、必ずしも「中途半端」に置き換えて説明がつくとは言えない。しかし、持ちつけない大金を手にすることさえなければ、人生を誤ることもなかった可能性は十分にあり得る。その点から見れば、その「なまじ」は、「そのようなことがなければよかったのに」という意を含意しているとも解せられる。

　⑬は、用心深いこと、それ自体は事を順調に進める上で必要なことであるが、あまり度が過ぎると、いざというときの決断力が鈍り、かえって好ましくない結果を招く恐れがある、ということを言っている。その場合の「なまじ」は、これも「中途半端」ではなく、事態に即応した適切な対応が取れない状態にある、という意を含意するものであり、用心深さが徹底されれば事態が変わったなどという意は、表そうとする表現ではない。

　従って、前述の⑧〜⑪の例は、たまたま文脈の上で「中途半端」という解釈を容認しているだけであると考える方が、よさそうだ。

2−2　包括的な意味とのかかわり合い

　上述の「なまじの〜」と、1−6で包括的に取り上げた副詞としての「なまじ」の用法とのかかわり合いについて、見ておこう。

　⑧、⑪、⑫は、本来、どれだけの力量が必要とされるかについて確固たる見通しが立てられなかったことを表している。その点で［Ⅰ］「生じる事態に対する見通しの甘さ」の用法の一環ととらえられる。

　⑨は、何らかの予兆を事前に把握するだけの洞察力が関係者に欠けていたというようなことも予測される。⑩は、周囲の人間が善意に基づいているとはいえ、親切心を発揮したことが、当該の人物、つまり彼にどんな心理的影響を与えるかを見通せなかったことに起因する。

⑬は、時と場合によっては、事を決断することも必要なのに、何らかのためらいがあってそうはできなかったということを表しているのであり、[Ⅱ]「生じる事態に対する不適切な対応」の用法の一種ととらえて差し支えない。

3−0　現行の国語辞書における「なまじ」の語釈

ここで、市場に広く出回っている国語辞書二つを取り上げて、その語釈の内容について、その是非などを検討してみよう。

○辞書A
(副ノ／ナ) ①中途半端な状態に不満を感じ、そうしない、あるいはそうでない方がよいという気持で言う語。⑦よせばいいのに。できもしないのに無理に。「―世話を焼くから甘える」「―小細工をしては駄目になる」④深くも考えずそうするより、むしろ。「―親類にたよるよりは」「―口を出さない方がよい」。かえって。「―顔を知られているばかりに」
②≪「―の」「―な」の形で≫中途半端。「―の学問では解けない」
▽「なまじい」(生強い) の転。

○辞書B
[副] ①あることをすると仮定して、無理にそうしない方がよいさま。…すればかえって。「―会ったら別れられなくなる」
②[形動] むしろそうでなかった方がよいくらい中途半端な状態であるさま。「―知っている相手だから断りづらい」「―口出しはしないほうがいい」◆「なまじい」の転。「なまじっか」とも。

なにはともあれ、二つの辞書に共通する「中途半端 (な状態)」と

いう意味はどこから生じたものかについて、考えてみよう。

3−1 「中途半端」とは何か

「中途半端」が否定された状態を想定すれば、「申し分なく十分だ／完璧だ」といった極限的な状況か、「そのことには全くかかわり合いのない状態だ」の、両極が考えられる。各種の辞書で取り上げている「中途半端」の意味は、本来どちらの状況との対比に基づいているのだろうか。上記の辞書 A、辞書 B に添えられている用例を手掛かりにして、推測してみよう。

辞書 A の「なまじ世話を焼くから甘える」は、相手の「甘える」行為を受ける側からすれば、「甘えられる」ことを好ましいとは思っていないようだ、と推測される。では、甘えられることを避けるためには、「徹底的に世話を焼いてしまう方がいいのだ」と言おうとしているのか、「全く世話など焼かない方がよい」と言っているのか、この用例からは何とも判じがたい。

この辞書で、㋐、㋑、と項を分けて、「㋐　よせばいいのに。できもしないのに無理に。」「㋑　深くも考えずそうするより、むしろ。」の、㋐の語釈に対応する用例であると考えれば、なんとなく理解できる余地もある。

同じく辞書 A の①㋑「なまじ口を出さない方がよい」の例は、口出しをする以上は、最終的な責任を負うくらいのことを覚悟すべきだ、と言おうとしているならば、状況によっては納得できる。また、「さわらぬ神にたたりなし」で、責任も負う気がないのだったら余計な口出しは初めからしない方がよい、と言おうとしているのだったら、それも一応筋は通る。しかし、どちらの意味を表そうとしているのかは、この用例からだけでは、不明である。

辞書 B の①、「なまじ会ったら別れられなくなる」は、何らかの事

情で別れなければならなくなった二人の人間の存在を前提とし、その
どちらかについて、会うことによって生じかねない未練がましい気持
ちを払拭することが難しくなり、結果的に別れることが出来ない状況
に追い込まれる、という含みを負わせた表現だと解されるので、どち
らかと言えば、会うこと自体を全面的に否定すべきだととらえている
と見られる、という話し手の意図が強く感じられる。そのように解す
ることが妥当なものであるとすれば、「中途半端に会う」という会い
方が、どのような会い方を指すのか、この用例を通しては何とも理解
しがたい。

　辞書Ａの①⑦「なまじ小細工をしてはだめになる」の「なまじ」は、
「小細工」自身があまりほめられる手段ではないので、完璧な小細工
などは本来ありえないと考えるべきであり、小細工をすること自身を
否定しようとする話し手の意向を表した表現だと解される。

　辞書Ａの①⑦の「なまじ親類にたよるよりは」は、あとに「誰々
をたよるほうがよい」とか、「自力で対処すべきだ」などといった表
現が続くと予想され、語釈の「⑦深く考えずにそうするより、むしろ。」
と一見対応するように見えるが、包括的な語釈として冒頭に掲げられ
ている「中途半端な状態に不満を感じ、そうしない、あるいはそうで
ない方がよいという気持で言う語。」の「中途半端な状態」と、どの
ようにかかわるのか、何とも解しがたい。

　辞書Ａ①「⑦深く考えずにそうするより、むしろ。」の「むしろ」
については、「なまじプロジェクトの設立メンバーに加わっていたた
めに、失敗と決まって責任を取らされるはめになった」といった例で
は、初めから設立メンバーに加わってさえいなければ責任をとらされ
ることもなかったはずなのに、といったボヤキが聞こえてくるような
状況が想起される用法である。

　辞書Ｂの①の末尾の語釈「…すればかえって。」の「かえって」に
ついても、上述のような場面を無理なく対応させることができる。

辞書Aの①の例、「なまじ親類にたよるよりは」などと併記されている、「なまじ顔を知られているばかりに」の例については、「かえって。」という、この例にのみかかわると見られる語釈がなされているものの、㋑「深くも考えずにそうするより、むしろ。」の適用や、さらに包括的な①「中途半端な状態に不満を感じ、そうしない、あるいは、そうでない方がよいという気持ちで言う語」の語釈が適用されると見られる。

　この用例のみにかかわると解される「かえって。」という語釈は、「顔を知られている」ことによって、「顔を知られていなければ、起こり得ないような問題が生じる」ということを表そうとしていると、とらえられることから、一応もっともらしく思えるが、なにゆえに包括的な①の「中途半端な状態」とかかわってくるのかは、まったくと言ってよいほど、理解しがたい。

　以上は、「中途半端」という語釈を載せている辞書（辞書A、辞書B）に併記されている用例についての、筆者なりの解釈を記したものである。

　このように見てくると、「中途半端」という語釈に負わされている意味は、何らかの意味で肯定的な含みを持たせようとする表現として解そうとすると、その実質がきわめて不明瞭なものになる。逆に否定的、特に全面否定の意味合いを込めたものだと解することができれば、それなりに意味が通じる。しかし、これから問題として取り上げるが、「中途半端」という言葉の意味とのギャップは、決して小さくない。

3−2　現行の国語辞書における「中途半端」の扱い

　現行の多くの辞書で、「なまじ」の語釈の一部として用いられている「中途半端（な状態）」、また、それに類した表現の中核をなしている「中途半端」とは、いったいどんな意味なのであろうか。

○辞書C
　「中途半端」…物事を積極的に打ち切るのでも続行するのでも
　　　　　　ない、どっちつかずの状態だ。
　「どっちつかず」…対象に二つ（以上）の要素を含んでおり、
　　　　　　どちらか一方に決めることが出来ない状態。
○辞書D
　「中途半端」…物事が完成にまでは達していないこと、また、どっ
　　　　　　ちつかずで徹底しないこと。
　「どっちつかず」…どちらとも決まらずに、はっきりしないこと。
○辞書E
　「中途半端」…物事が完成しないままであること。また、態度
　　　　　　などがどっちつかずで徹底しないこと。
　「どっちつかず」…二つのうちのいずれとも定まらないこと。
　　　　　　中途半端なこと。

　ここで取り上げた辞書の解説は上記のようであり、「中途半端」とは、「どっちつかず（の状態）」にあることを表しているととらえている。果たして「中途半端な状態だ」ととらえられている状態は、上記の辞書のように「どっちつかず」だという解釈でどこまで説明できるものであろうか。
　「中途半端」な状態の代表としてまず思い浮かぶのは、「帯に短し襷に長し」といった紐状のものである。これなどは、帯にするにも襷にするにも不適切だという意味で、「どっちつかず」の状態にあるものだと見ることが十分に可能である。
　以下の例を手掛かりに、「中途半端（な状態）」とはどんな状態を表すのか、考えてみよう。
　a. 彼はいろいろな芸事に手を出したが、あきっぽい性格でどれ

も中途半端だ。

　　b.　途中まで建てたビルが資金不足で、中途半端なまま野ざらし
　　　　になっている。

　　c.　返答を迫られているので、今のような中途半端な態度を取り
　　　　続けることはできない。

　aは、その個々の芸事の実質的な内容には差異はあろうが、当人自
身にとっても第三者から見ても、この程度の段階まではという予測さ
れる、ないしは期待される技能などの到達度があり、それとの対比に
おいて、予測・期待される段階との間には、まだ、かなりの開きがあ
るという状態を表している。

　bも、aと同様で、未完成の部分が多く、予測される建物本来の機
能を生かして使用するのは到底無理だと言わざるを得ない段階であ
る、ということを表している。

　cは、イエスかノーか、どちらとも言えない曖昧な態度を取り続け
ていることができない状況に、追い込まれようとしている事態になっ
た、ということを表している。

　このcの例は、「イエスかノーかどちらとも言えない」といったよ
うに、相手にとって自分の態度が、「どっちつかず」の状態であるこ
とを表している。a・bは、ともにある段階までは事が進んでいると
文脈から推察できるが、完成された状態との間には大きな開きがある
ということを言っているのに対して、cは「どっちつかず」という表
現に込めた、対極的な要素のどちらにより近いかといったことについ
ては、何も触れていないし、文脈から汲み取ることもできない。

　従って、たまたまその条件が整っている表現では、「中途半端」を
「どっちつかずの状態だ」と言い換えて説明することは可能であろう
が、多くの「中途半端」の用法は、安易に「どっちつかず」に置き換
えてもその意味はとらえられるものではない。

　筆者の考えでは、「中途半端」とは、予測や期待される到達段階と

の対比で、ゼロでないことは言うまでもないにしても、好ましい段階に達しているとは言うべくもなく、個々の状況によって程度の差はあろうが、マイナスの評価を下す意を込めて用いられる言葉である。

なお、辞書Aの「なまじ」の語釈の一項として取り上げられた「中途半端」なる語釈が、たまたま文脈の上で容認される可能性があることについては、2－1で述べたように解すべきであろう。

辞書Bでは、辞書Aの②に対応する語釈の項は取り上げられていないので、触れることはできない。

3－3　用法の分析を通してみた「なまじ」の意味

実例に即するなどして、あれこれと言を連ねてきたが、ここで一応「なまじ」の意味について、筆者なりの見解を示しておこう。

実例について見る際に目につくことであるが、話し手（または、書き手）が「なまじ」を用いて表している事柄は、多くの場合、一般化してみれば、「好ましい結果が得られることを予期していることが多い、ということである。それが、何らかの事情に妨げられて、必ずしも意図した結果とは、相反する結果になっていることを表すことが多いということである。このことは、先に取り上げた辞書Aの語釈①、辞書Bの語釈①と相通じる点でもある。

こうしたことから、副詞「なまじ」の意味は、すでに1－6で取り上げた［Ⅰ］［Ⅱ］の二つだと言ってよい。［Ⅰ］［Ⅱ］に該当する実例としては、次のようなものがあげられる。一応、［Ⅰ］［Ⅱ］を再録する。

　［Ⅰ］何かをするに際し、どのような事態が生じるかについての
　　　　十分な見通しを欠き、その結果、予期に反する好ましくない事
　　　　態を招いた状態にある、ととらえられる内容を表すものである。
　［Ⅱ］何かをするに際し、選んだ手段が不適切なものであったり、

前提的な状況が好ましい結果を得ようとするには不適切なものである、という関係が不可避なものとして内在していたりする、ということを表すものである。

［Ⅰ］　生じる事態に対する見通しの甘さ

⑭　「彼の朝寝坊は僕は、昔から知つてゐるから何とも思ひませんよ。<u>なまじ</u>起こしたつて眼が醒めないうちは夕方まででもムッとしてゐるんだから、却って厭ですよ。」「まあ！」と、この感投詞も彼女は無感激に白々しく云った。「先生にもでございますか、まあ！」「いや、関はんですよ。」自分だって話し様もなかった。（牧野信一　『夏ちかきころ』）

ここでは、当人自身が覚醒したことを自覚するまでは、機嫌がよくなるはずはないのだ、ということを経験的に語り手が述べているのである。

⑮　「今更、<u>なまじ</u>後悔なんかされると、恋の神様が戸惑いなさるよ。矢鱈に後悔したり、詫びたりし度がるのは、悪い癖だ。」「──ごめんなさい。」「僕は昔からＡの性質を知っているが、彼奴は見かけだけ如何にも明快そうにしていて、その実ひどく卑怯な性質だ。気がいいと云えば云えないこともないが、それだからと云って、僕の生活までが、そんな被害を甘んじてうけ入れていられるものではない。」（渡邊温『花嫁の訂正──夫婦哲学』）

ここでは、後悔するのは話し手の妻である。さらに「ごめんなさい」と謝るのも妻である。それで妻である自分が後悔しているかのような言動に接すると、かえって旧知の知人である相手の卑怯な性格が見え透いてくるような気がして、不愉快な気分が募ってくると言っているのである。

⑯　事件が起こったとき、未亡人のりりしい態度と処置は水ぎわ立っていたそうだ。<u>なまじ</u>召使に隠し立ててはいけないと思い、

一同に、らい病、自殺を打ちあけて、業病の家に奉公もつらい
であろうから、自由にヒマをとるように。ただ葬式までは居て
ほしい。また、この事実を人に他言しないように、父母兄弟良
人妻にも他言だけは謹んでくれ、と多額の金を与えたという。
（坂口安吾　『明治開花　安吾捕物五　万引家族』）

　これは、見方によってはあまり人前であからさまには口にしない方
がよいようなことを、はっきりと出してしまう方が、かえってあとに
しこりを残さない可能性があると言おうとしているのである。

　［Ⅱ］　生じる事態に対する不適切な対応
　⑰　智子が必死の思案の果てに思極めたことは──智子が<u>なまじ</u>
　　自分の智能を過信して夫を眼開きの世界へ連れて来ようとした
　　無理を撤回することだった。夫を本来の盲目の国に返し自分は
　　眼開きの国に生きて周囲から守ること──つまり盲人本来の性
　　能に適した触覚か聴覚の世界へ夫を突き進ませて其処から改め
　　て人生の意義も歓喜も受け取らせる事であった。（岡本かの子『明
　　暗』）

　ここでは、自分がどんなに努力しても失明している夫の目を健常者
のようにすることは不可能なんだということをヒロインは悟るべきで
ある、ということを表している。

　⑱　コートをぬぎ、手袋をぬぎ、呆んやりとした眼でお粒は鏡の
　　前に立つた。
　　「ねえ、随分トゲトゲした顔になつちやつたわ。<u>なまじ</u>恋なぞ
　　すまじきものね、岡田さん、私、このごろ、ヘトヘトに自分に
　　疲れつちまつた‥‥」（林芙美子『リラの女達』）

　ここでは、するべきでない恋をしたことによって、心身ともに疲れ
きってしまったことに、もっと早く気が付くべきであった、今となっ
てはもうどうすることもできないと、語っているのである。

⑲　それゆえ矢さんからひやかされたのを、なまじ誤魔化すよりも明さまに打ち明けてしまった方が、結句面倒でなくてよいと思ったのである。（永井荷風『つゆのあとさき』）

ここでは、下手にごまかそうとすれば、思ってもいない破綻をきたすようなおそれがある、ということを述べようとしているのである。

ここで、今回取り上げた⑭〜⑲の六つの実例やすでに述べたことを絡ませると、副詞「なまじ」の意味として、

　「何らかの好ましい結果が得られることを予期して行ったことが、そのことをすることによってどのような好ましくない事態を招くかについて十分に事前に想定することができなかったり、また、対応の仕方に不適切な点があるなどしたりして、全く予期に反する好ましくない事態を結果として得るはめに陥った様子。」

といった文言で表わすことが可能になる。

「なまじ」の意味としては、さらに、

　「［多く「なまじの」の形で］後に否定表現を伴って、それまでに得た知識や実践した経験などから予測される程度を著しく超えている様子。」

の、二項に分けて記述するのが現段階では妥当だととらえられる。

前者を（1）、後者を（2）とすれば、それぞれに次のような用例が考えられる。

（1）の例、

　「なまじ横から余計なことを言ったのが事態を悪化させてしまった」

　「なまじ英語の運用能力があったために重宝に使われて、かえっ

て社内での出世が遅れた」

「なまじ嫌だと言って断れば、後でどんな目に遭うかと思われて、心ならずもハイと言ってしまった」

（2）の例、

「なまじプロ級の腕前と言われるだけあって、社内で将棋で彼とまともに張り合える者はひとりもいなかった」

「法律事務所でアルバイトをしていたというくらいの経験では、なまじの勉強をしたくらいで司法試験に合格などするはずがない」

「代々医術を業とする家に生まれただけあって、なまじの新米の医者にはわからないような医学の基礎を身につけていた」

4　むすび

　既存の辞書において、なぜ「中途半端」にこだわったのか。すでに述べたように「中途半端な状態」という語釈が的を射たものであるということを、「なまじの＋体言」の形式で用いられる一部の用法を除いては、裏付ける根拠は積極的には得られなかった（2－1、3－2など参照）。

　思うに、比較的権威があるとされる先行辞書の語釈を無批判に踏襲したことが、最大の理由だと考えられるが、その「権威あり」とされる辞書が何であるかは、不明である。

16 文章中の指示語の機能

1 指示語とは

　指示語とは、話し手注1（表現主体）が自分のかたわらにあるたばこ・ライターなどを「これは……」とそれとわかる形で指し示しながら言ったり、門の前にいる人を話題にする際に、「門の前にいる人は……」という代わりに「あの人は……」と言ったりなどするときの、「これ」「あの」などを指す。また、「昨日、A国で独立を祝う式典が行われた。そのような式典は……」と、第二文で「独立を祝う」と同じ表現を反復させる代わりに用いる「そのような」なども指示語と呼ばれる。一般化して言えば、指示語とは、表現の対象となる素材について、それを概念化された、いわば出来合いのレッテルを有するものとして、そのレッテル通りに表そうとする語ではなく、話し手と聞き手（厳密には表現主体と理解主体）とによって作られる場面において、表現対象とされる素材を話し手の立場からどのような関係にあるものとしてとらえたかという、関係概念を表す点に表現上の特性が発揮される一群の語を指して言う称である。「上」「下」「内」「外」なども関係概念を表すという点では指示語と同じだが、指示語がこれらと根本的に異なるのは常に「話し手の立場からとらえた」関係を表す点である。「わたしの上」と言えば、その「上」は話し手の立場からとらえた位置関係を表しているが、「山の上」「机の上」などの「上」は素材間の関係を表しているわけである。「これ」「あの」「そのような」などは、常

に話し手と素材との関係を明示する働きをするだけで、素材間の関係を表すような働きはない。

　このような関係概念を表す一群の語に「指示語」という呼称が与えられるのはなぜだろうか。「指示語」を皮相に解釈して、「指示する働きを有する語」だなどとするだけでは不十分である。概念化された語は指示語に限らずすべて、表現することによって表現される対象を指し示す働きを備えているといってよいのであるから。他の概念化された語の指示する働きと「指示語」のそれとを区別するのは次の点による。表現の対象となる外界の事物や状態を「これ」「そう」などと話し手との関係において表すためには、その表現によって関係の示される対象が明示されるような、指し示す行為が表現に随伴して必然的になされなければならないということである。そうした随伴的な指し示す行為によって、聞き手に話し手の意図した関係づけが理解できるということになるのである。随伴的な指し示す行為を伴わなかったり、それが曖昧なものであったりすれば、話し手がどのような対象との関係を指示語によって表そうとしたのか、聞き手にとって当然理解しがたいものになる。一方、話し手自身の表現であれ、相手（つまり聞き手）の表現であれ、言語表現の枠の中で先行表現の内容を何らかの指示語によって表した場合なども、聞き手が先行表現のどんな内容を指し示しているかをとらえ、話し手の表現と関係づけて、話し手の意図に合致するような理解をすることによって伝達が成り立つのである。話し手自身が外界の対象をそれと指し示すことはしない代わりに、聞き手が当然のこととして、先行表現のどんな内容を指し示すものであるかを考え、かつ理解しながら聞きとっているのだという前提で指示語の使用が可能になるのだとみてよい。話し手自身が表現に随伴させて指示する行為をするか、聞き手に何を指示しているか理解しようとする態度をとらせるか、そのいずれかによって、話し手と表現対象との関係づけがなされるということである。前者のような、外界の事象と関

係づける指示語の働きは**現場指示**と呼ばれ、後者のような、先行表現（または後続表現）の内容と関係づける指示語の働きは**文脈指示**と呼ばれる。

　本稿では文脈指示の場合の指示語の機能に関する問題点を述べることに重点を置くが、現場指示・文脈指示の機能というのは、もっぱら意味論的な、また、表現論的な観点からのとらえ方であるので、その前に文法論的に「指示語」をどう位置づけるか検討しておきたい。

2　指示語の文法的位置づけ

　指示語は従来の文法研究では代名詞の中で扱われるのが普通で、特に指示語だけで取りたてて、一つのカテゴリーとして扱うことはまれであった。

　指示語を包括的に扱おうとすれば、当然いわゆる「コソアド」の体系性に着目して、それをどう扱うかという点に触れなければならない。その点について、古く松下大三郎注2が、「こう」「そう」と書き表す仮名遣いの正しさを主張する目的で

　　　此―此れ―此ら―此の―此う―此んな
　　　其―其れ―其ら―其の―其う―其んな
　　　彼―彼れ―彼ら―彼の―彼あ―彼んな
　　　何―何れ―何ら―何の―何う―何んな

と示し、「此の如く縦横に織られた体系を持ってゐる。元は凡べて『こ』『そ』『あ』『ど』である。」と、語源の上で関連性のあることを説いた。語源を等しくする点を指摘するにとどまったが、「コソアド」を体系的にとらえたことは注目に値する。

　品詞論の枠組の中では、大槻文彦が『広日本文典』で示した、代名詞を人代名詞と指示代名詞（事物・地位・方向）に二分する考え方が後の諸家にも基本的に受け継がれている。

16　文章中の指示語の機能 ——— **181**

　山田文法注3では、まず代名詞を

　　{ 反射指示（自分・みずから・その他）
　　　称格指示

と二分し、称格指示を

	第一称格 （自称）	第二称格 （対象）	第三称格　（他称）			
			定称			不定称
			近称	中称	遠称	
人	わたくし（われ） わたし　　（おれ） 　　　　　（僕）	あなた（君） おまえ	これ	それ	あれ	どなた だれ
事物						どれ なに
場所			ここ	そこ	あそこ	どこ
方角			こっち こちら	そっち そちら	あっち あちら	どっち どちら

のように扱っている。山田文法で注目されるのは、次に紹介する橋本
文法と異なり、「この」「その」などの類を連体格専用の代名詞として
いる点である。

　橋本文法注4では、代名詞を人代名詞・指示代名詞（事物・場所・方角）
及び反照代名詞（山田文法の「反射指示」に当たる）に三分した上で、
人代名詞を自称・対称・他称・不定称に、また、指示代名詞を他称・
不定称に分けている。更に、人代名詞・指示代名詞の他称を近称・中
称・遠称・不定称に区分している。その点で、山田文法と基本的に異
なるものではない。異なる点は、「この」「その」の類を連体詞とする
点である。（「こう」「そう」の類は山田文法・橋本文法共に副詞として扱
われている）

　このように「コソアド」を根幹として、それに種々の付属形式を伴っ
た形の一群の指示語の体系性にそれなりに着目してはいるものの、形

態上・構文上の不等質性から、それらを一括して同一のカテゴリーのものとして取り扱うことができなかったのが、山田文法・橋本文法に至るまでの文法論の流れであった。

　指示語を一括して同じカテゴリーで扱うべきだとしたのは、佐久間鼎の「コソアド」の考え方（次の節で詳述する）を受けて、それを文法論の領域に体系づけることを試みた時枝文法である。

　時枝文法注5では、代名詞つまり指示する機能を有する語の本質を、話し手との関係概念の表現にあるとして、従来の形態的・構文的に名詞と同等に扱えるもののみを代名詞とせず、話し手との関係概念を表す語すなわち本稿でいう指示語をすべて代名詞として扱った。そして、この代名詞は他の品詞類とは別個の系列を作る品詞であると説いた。時枝文法の代名詞分類表は次の通りである。

事柄の種類 ＼ 話手との関係	話　手 （第一人称）	聞　手 （第二人称）	事　柄（第三人称）				
			近称	中称	遠称	不定称	
人	わたくし 僕	あなた 君	このかた	そのかた	あのかた	どのかた どなた	名詞的代名詞
物	○	○	こ これ	そ それ	あ あれ	ど どれ	
所	○	○	ここ	そこ	あそこ	どこ	
方　角	○	○	こちら こっち	そちら そっち	あちら あっち	どちら どっち	
関　係	○	○	この	その	あの	どの	連体詞的代名詞
情　態	○	○	こんな かう こんなに	そんな さう そんなに	あんな ああ あんなに	どんな どう どんなに	副詞的代名詞

　井出至注6の代名詞に関する扱いも、この時枝説と基本的には同じ考えに立っており、個々の語の扱いに小異が認められるだけである。

意味上の、また表現上の特性に注目すれば、この時枝説のような考え方もきわめて自然なものであるというべきであるが、従来の品詞分類の基準に照らすかぎり、「コソアド」を軸とする一群の語を一括して一品詞とすることには無理があることも否定できない。他の品詞についてみれば、品詞分類の基準として、一つには形態上の特性（形態変化の有無など）があり、一つには構文上の機能がある。それらの特性や機能の束として示される特徴をもとに、個々の語の品詞は決められているのである。そこに、「こう」「そう」など明らかに副詞的な機能を有する語も、「この」「その」など連体的な機能しか有しない語も一括されて一品詞として扱われ、日本語の文法体系の中に位置づけられることになれば、分類原理を異にするものが混在することになり、著しく整合性を欠いた文法体系を構成するということになると言わざるを得ない。

　先にも触れたように、表現上の特性を語の分類基準の原理とする時枝文法では、代名詞も関係概念を表す語として詞の中に位置づけているのであるが、「常に話し手を軸として、それとの関係を表現する」という点で他の詞と一線を画すると説いているのであるから、それはそれとして納得できるとしても、一方、同じ詞を連体修飾専門か連用修飾専門かといった観点から、その下位区分として連体詞や副詞を分かっているのであるとすれば、そういった構文上の機能を無視しうるほど根本的な相違のある代名詞（時枝文法における）を詞の下位区分に位置づけるよりは、むしろ、他の詞と同列に並ぶ別個の詞とすべきではないかと思われる。そうした上で、形態変化の有無や構文上の機能をもとに「名詞的代名詞」「連体詞的代名詞」などと下位区分するほうが、体系自体の整合性は増すのではなかろうか。

　一群の指示語を従来の品詞分類に従って、形態・構文上の機能の両面を軸に区分するなら、宮地敦子注7なども言っているように、代名詞は橋本文法でいうその枠にとどめ、「この」「その」などは連体詞、「こ

う」「そう」などは副詞とする。また、「こんな」「そんな」などは、「こんなに」「そんなに」なども包み込んで、不規則活用の形容動詞とするなどが穏当なところではないだろうか。指示性があるという表現上の特性を明示するなら、それぞれの品詞の下位区分として、指示連体詞・指示副詞・指示形容動詞などの名称を与えて扱うことが考えられる。指示性を明示するという点とネーミングの整合性を求めるという点を配慮するなら、代名詞も名詞の下位区分として、指示名詞とするといったとらえ方を本来はすべきであろう。

　指示語と称される一群の語は、表現上の特性をもとに抽出されたもので、「コソアド」のような体系性がそこに認められるにせよ、時枝文法のような立場を別にすれば、従来の品詞論のカテゴリーに一括して収めることのできない性質のものであることは明らかである。そういった点で、元来文法論の領域で「指示語」というタームにこだわりつつ品詞上の位置づけを云々することは、あまり意味のあることだとは言えないのではないだろうか。少なくとも教育的な観点に立つかぎり、品詞論上の扱いにとらわれて厳密さを要求することよりは、話し手を軸とした関係の把握がどのようになされているかといった表現上の特性に目を向けさせ、的確な表現と理解に資するようにさせることのほうが重要であろう。

　品詞論的な発想に執着すれば、指示語としてとらえられる単位的な語と認定できるのは文や句のどの部分かといったことが問題になるだろう。いわゆる指示代名詞は、後に格助詞をとりうる点などから、単位的な要素が明確にとらえやすく、まず問題はあるまい。「この」「その」などの類を連体詞、「こう」「そう」などの類を副詞として一語扱いすることも異論のないところだろう。「こんな」「そんな」の類は、「こんなに／で」「そんなに／で」などと共に不規則変化の形容動詞としてもよいし、観点によっては、前者を連体詞、後者を不完全活用の形容動詞とすることも可能である。問題は、「このよう」「そのよう」の

16 文章中の指示語の機能 ── **185**

類と「こうした」「そうした」、「こういう／いった」「そういう／いった」の類の扱いである。従来の品詞論に従えば、それぞれ「副詞＋助動詞ようだ」「副詞＋動詞する」「副詞＋動詞いう」と分けて扱うことになるのであるが、指示語というタームがさほど文法論、特に品詞論に密着して作り出されたものではないとすれば、あえて二つの単語に分けず、全体を一つの指示語として扱ってもよいのではないだろうか。また、そうするほうが扱いやすい場合がある。

　　このような珍しい物は初めて見た。

の「ような」には、

　　日本のような小さな島国では……。

の「ような」と同じく、例示的な意味合いが込められていると解することもできる（実際に込められている場合もありうる）が、一方、

　　こんな珍しい物は初めて見た。

と、「このような」を「こんな」に言い換えても、実質的な意味の差は認められないと言ってよいのではないだろうか。

　　「また来るよ。」彼はそういうと後ろも振り返らずに出ていった。

の「いう」には「言葉を発する」という意味があるが、

　　また酔っ払い運転による事故が起きた。こういう（こういった）
　　ことは二度とあってはならないのに。

の「いう（いった）」には、「言葉を発する」という具体的な行為を表す意味はなく、強いて言えば、「『酔っぱらい運転によって起きた事故』と表現される（された）」といった内容を表すものである。「このような」に置き換えても全くと言ってよいほど意味に変化は生じない。上の文はまた、「こうした」に置き換えることも可能である。「こうした」には、現場指示などで、具体的な動作をして見せながら、

　　君もこうしたほうがいいよ。

などと言う用法もあり、すべての「こうした」の類が「このような」と等質のものだとは言えないが、文脈指示の「こうした」の類は、そ

の多くが、

　　庭にきれいな花が咲いている。こうした花を見ていると心がなご
　　んでくる。

のように、「する」に負わされている動作性の意味がきわめて希薄に
なっているかほとんど失われてしまっている。それで、先行表現で述
べられた状態的な事柄を指示するのにも広く用いられるのだろう。こ
の「する」には「ほっとする」「ねっとりする」などの「する」の用
法と通じるものがある。

　以上のような点から、「こんな」を一語として扱うなら、「このよう
な」も一語の指示語として扱うほうがよく、両者の差は文体のレベル
に求めるべきであろう。また、「こういう／いった」「こうした」の類
は文脈によってその仕分けをしなければならない煩雑さは伴うもの
の、「いう」や「する」の実質的な意味が失われている場合には、そ
れらを接尾辞的なものととらえて、「このような」などの類と同様に、
全体を一つの指示語として扱うほうが適切であると考えられる。

3　指示語の機能

　指示語、特に「コソアド」をその意味・機能の面から観察分析し、
それまでの形態的特徴にとらわれた解釈から脱却させて、日本語独自
の意味・機能を解き明かしたのは佐久間鼎注8である。

　佐久間は「コソアド」の体系性に目を付け、それらを指示機能を有
する語として一括して扱うべきだとする説を提唱して、従来の代名詞
が人代名詞や指示代名詞のみを取り上げ、形容詞的な用法のものや副
詞的用法のものを排除していることの不当性を主張した。また、定
称「コソア」の近称・中称・遠称の三区分をいわゆる付きのものであ
るとし、事理に適合した名称ではないことを指摘した。それは、近・中・
遠の名称が話し手と指示対象との単なる距離の遠近に対応させた名称

であるかのような印象を与えることへの批判である。そして、人代名詞の人称と近称・中称・遠称の別を関連させて、

いわゆる近称・中称・遠称の差別は、この自称・対称・他称という、対話の場における対立関係に対して、内面的な交渉をもつものだということが（中略）わかって来ます。単に話手からの距離の近い遠いというのではないのです注9。

と説き、更に具体的に、

「これ」という場合の物や事は、発言者・話手の自分の手のとどく範囲、いわばその勢力圏内にあるものなのです。また、「それ」は、話し相手の手のとどく範囲、自由に取れる区域内のものをさすのです。こうした勢力圏外にあるものが、すべて「あれ」に属します注10。

と、「これ」「それ」「あれ」の指示の機能をとらえた。「これ」「それ」「あれ」以外の「ここ」「そこ」「あそこ」、「こう」「そう」「ああ」その他についても、話し手の勢力圏内にあるか、聞き手の勢力圏内にあるか、どちらの勢力圏にも属さないかで、それぞれの指示する領域が設定されるとした。そして、「コソアド」の全体については、人称と関連づけてその対応関係を下のような表に表した。

	指　示　さ　れ　る　も　の			
	対　話　者　の　層		所　属　事　物　の　層	
話し手	（話し手自身）	ワタクシ ワタシ	（話し手所属のもの）	コ系
相　手	（話しかけの目標）	アナタ オマエ	（相手所属のもの）	ソ系
はたの 人 もの	（第三者）	（アノヒト）	（はたのもの）	ア系
不　定		ドナタ ダレ		ド系

佐久間説は、近称・中称・遠称を話し手から指示対象に至る距離が近いか遠いかといった立場からとらえる考えを絶対的距離と呼ぶなら、いわば心理的領域説とでも言うべきものであるが、この考えは、特に現場指示の際の指示語の用法を観察するかぎり、事実に合致する点が多く、非常に説得力がある。

「これ、だれのかさ？」

「それは、わたしのよ。」

と、話し手が手近にある物を「コ」（佐久間のいう「コ系」の指示語を単にこのように表す。以下同じ）で示すのに対し、聞き手が「ソ」で応じ、また、

「その本は面白いですか。」

「うん、この本はとても面白いよ。」

と、話し手が相手の手にある物を「ソ」で表し、相手がそれに「コ」で応じることなどは日常ごく普通に観察されることである。

「あそこにある建物は何だろう。」

「あれは多分発電所ですよ。」

などと、話し手・聞き手がどちらからも離れたものを互いに「ア」で指し示すこともきわめて自然なことである。

この佐久間説では、話し手と聞き手が対立する場だけを想定しているのであるが、現場指示の場が常にそのような話し手と聞き手の対立する場とだけに限定すると、うまく説明できなくなる現象もみられる。既に阪田雪子注11も指摘しているように、電車の中などで、

「ここはどこですか。」

「ここは代々木ですね。新宿は次の駅ですよ。」

と、話し手・聞き手ともに「コ」で指示する場合があり、また、家の中などで、

「そこにできた店はいつ開店するんだろうかね。」

「そこの店ですか。来週早々には開店するらしいですよ。」

などと、家の近くにある場所を指示するのに互いに「ソ」を用いることもある。このような例を無理なく説明するには、現場指示の場を、話し手と聞き手が対立する場しかないのだとのみとらえず、両者が一体化した場というものを設定するほうがよいと考えられる。この両者が一体化した場というのは、両者の対立が中和された、いわば「われわれ」の領域であるということができる注12。「われわれ」の場においては、その勢力圏内にあるととらえられる指示対象は「コ」で、圏外ではあるが容易に「われわれ」の勢力圏内に収められる程度の範囲にあるととらえられる対象は「ソ」で指示されると考えれば、先の例はもちろん、道で人に出会った時などの応対、

　　「どちらへお出かけですか」
　　「ちょっとそこまで行ってまいります。」
の「そこ」なども「さほど遠い所ではない」といった語感とも合い、合理的に説明がつけられる。

　「われわれ」の場を設定することが妥当であるとすれば、「ア」も、話し手・聞き手のどちらの勢力圏にも属さないとはいっても、互いに認識可能な範囲に指示される対象があることは当然のことなのだから、対立する場の外にその領域があるというより、「われわれ」という両者の対立を越えた場から対象を指示しているととらえたほうがよいと考えられる。現場指示ではどちらでもかまわないと言えるのであるが、文脈指示において、

　　「あの件はどうなっていますか。」
　　「ああ、あれは計画通りにうまく進んでますよ。」
などと、話し手・聞き手が互いにある事柄を「ア」で指示することができるのは、話題になっている事柄について、「われわれ」が互いにかかわり合って熟知し、双方の意識の中に収められているのだという前提があるからだとみられる。もし、一方が初めて提起する事柄であれば、

「山田さんが急に会社をやめることにしたんだって。このことについて君はどう思う。」

「ああ、そのことなら、ぼくは前から薄々気づいていましたよ。」

のようになるのが普通である。前者の「この」は「その」で指示されることも十分にあること（その問題は次の節で触れる）だが、後者の「その」が「この」や「あの」になることは考えられない。先の文脈指示における互いに「ア」で応じる例などを説明するためには、「ア」でとらえられる領域の存在を設定する前提として、「われわれ」の領域を設けておくほうがよさそうである。

4　指示語による文脈指示

　現場指示が話し手を軸にした空間的な位置関係の定位であるのに対し、文脈指示はそれを言語表現という線条的な時の流れの世界に移しかえ、話し手の立場から先行表現または後続表現の何らかの内容を定位したものである。その場合、表現という線条的な時の流れの中の定位にも、現場指示の際の佐久間説—心理的領域説—が適用し得るかどうかが大きな問題になる。指示対象の定位という共通性を有しながら、空間的な広がりの中での定位か時間の流れの中での定位かによって、それぞれ異なる原理によって指示性が発揮されるというのも奇異なもので、一元的な解釈が可能なら、それに従いたい。

　一元的な解釈をし得るとした場合でも、現場指示における指示機能と全く同じ次元で解釈し得るものか、あるいは、何らかの条件をそこに付さなければならないものか。考えられる種々の指示場面について、それらの問題に検討を加えてみよう。なお、ここでは「コソア」の三種の指示機能にかぎって扱うことにする。

　まず、相手の発言内容を指示する場面についてみてみる。対話の場において、話し手が相手の発言を受けてその内容について指示する場

合、それは、当然先行表現ということになる。

① 「あたしは今日じゅうに帰ればいい。見晴らし台にでも行きましょうか。今日はお天気がいいから遠くまで見えることよ。」
「うん、それもいいな。」と私はためらい、思い切って彼女の意向を訊いた。（福永武彦『海市』）

② 「かわいらしい娘さんね。一人ほしいわあんなひと！もらえないかしら」
「俺はいやだよ」
「そうね。あなたはそうでしょうね。ほかの男の人との間にできた子供ですもの」（井上靖『伊那の白梅』）

③ 「いいえ、あたしは今日という今日はどうしても出て行きます」
「どうして？」
「どうしてって？そんな白ばくれたことがあなたによく言えるじゃないの。（下略）」（島尾敏雄『死の棘』）

上の例のように、相手の発言内容を話し手が指示する場合には「それ」「そう」「そんな」と、「ソ」系の指示語の用いられることが圧倒的に多い。「ソ」でなく、「コ」で指示することはきわめてまれである。わずかに、文献の中に実例は得られなかったが、

④ 「あの男はプロのボクサーになる気でいるんだって。」
「これは面白い。あの男がボクサーになれるなら、ぼくだってなれるぞ。」

のような用法が考えられるのみである。

相手の発言内容を受けて、それを「ソ」で指示するということは、相手の領域に属するととらえられるものを「ソ」で指示するというのと同じで、この場合には現場指示の解釈がそのまま適用できるということになる。④のような「コ」で指示する例については、例外的だとはいえ、何らかの解釈を加えなければならない。考えてみると、この種の「コ」は「これは驚いた」「これは参った」など、かなり限定さ

れた枠の中でしか用いられないようである。これらの用法には何らか
の驚きの気持が込められているとみられる。そうだとすれば、相手の
発言に接して心内に生じた驚きを、いわば独白のような形で表現した
ものであると解釈することができるのではないだろうか。すなわち、
相手の発言に直接応じているのではなく、自分自身が相手の表現を受
けて理解した内容について、それを「コ」で指示しているととるので
ある。同じようなことは次の例についても言える。たとえば公金を使
い込んでいる者が、「近いうちに会計監査があるそうだよ。」と同僚か
ら告げられたときなどに、もし相手への応答であれば、「それはまず
いことになるね。」といった形になることが十分に予測されるのに対
し、「これはまずいぞ。」と一人そっとつぶやくような場合である。

　これもまれなことではあるが、相手の発言内容を「ア」で指示する
こともある。

　⑤ あくる日の朝食の時、
　　「あいちゃん、昨夜君が来るといっていた島根県庁の五人さんは、
　　どうなったんだい？」
　　私がその気配がなかったのできくと、
　　「あれはうちのおかみさんが日を間違えていたんだ。でも、うち
　　には冷蔵庫があるから、その点ちっとも心配はいらない」
　　とあい子が言った。（木山捷平『山陰』）
　⑥「あなたも、併し、この前の神田の時は甲斐甲斐しい感じだった」
　　「そうですわ。わたし、あの時はお金が欲しかったんですもの。（後
　　略）」（井上靖『傍観者』）
このような「ア」の用法に共通することは、「ア」で指示された内容が、
話し手にとって相手から初めて提供される情報ではなく、すでに相手
と共通体験を得ているような内容についての指示であるという点であ
る。前節でも触れたが、話し手と聞き手とが作る対話の場では、一般
には両者が対立する関係にあり、相手の発言内容はその勢力圏にある

16　文章中の指示語の機能 —— **193**

ものとして「ソ」で指示されるのだが、その発言内容に関して話し手自身もかかわっているような場合には、両者の対立が中和された「われわれ」の場に局面が転じ、対話の行われている「われわれ」の場から同じ距離をへだてたものとして過去の出来事をとらえ、「ア」で指示したのだと解釈できる。

　次に、話し手が自分自身の表現内容を指示する場合についてみてみる。それには、先行表現の内容について指示する場合と後続表現の内容を先取りする形で指示する場合とがある。後者の場合にはさほど多くの問題があるわけではないが、前者の場合には単純な解釈を拒むような問題が種々ある。前者、つまり先行表現の内容を指示する例からみていこう。

　⑦　彼は背中に妻の視線を感じながら、それを遮るようにいきなり、扉をしめた。忽ち彼は強い外光の中に曝された。それはこまかいガラスの破片かなぞのように眼に突きささり、涙が出た。口の中は先刻から呑み込まずにこらえていたねばねばした唾液で一杯だった。彼はそれをペッと土の上に吐き出すと、地面が波立つような感覚をおぼえて思わず門柱にすがったまゝ、しばらくじっとしていた。何か硬いものの角が、ひどくぶしつけに彼の脇腹に触れた。彼は思わず後ろに退ってそれを眺めた。それは最近、彼がそこに取りつけたばかりの四角な郵便受けだった。塗りたてのニスの臭いがするその不細工な木の箱は、今しがたの彼の身体の重みで揺れ傾いていた。彼の注意はやがて、その金具のついた受け口に斜めに差し込まれてある黄色い封筒に向けられた。そしてほかのありきたりな手紙や葉書の中から、特にその朱線のワクの入った中国風の封筒を取り上げた時、彼はある尋常ならざるものをその中に予感した。まさしく自分宛の書信だった。（石上玄一郎『黄金分割』）

⑦では「ソ」のみが頻繁に用いられている。この種の描写型の表現で

は先行表現を「ソ」で受けるのが一般的な傾向である。また描写型の表現にかぎらず、先行表現の中の特定の（見方を変えれば、何を指示しているかが明確に指摘できる）語句を指示する場合にも「ソ」の用いられるのが一般的である。ところが、

⑧ 彼は<u>その</u>呼声を気遠く聞きながら、夜のクリーム色のペンキのように明るいだけの筈である<u>この</u>町から、無数の触手がひらひらと伸びてきて、彼の心に絡みついてくるのを知った。／夜の<u>この</u>町から、彼ははじめて「情緒」を感じてしまったのである。／（中略）意外に少年染みた顔つきになった。／<u>その</u>様子をみた道子の唇から、／「はやく、あなたに可愛らしいお嫁さんを見付けてあげなくてはね」／という言葉が出ていった。／しかし、道子は「可愛らしいお嫁さん」を見付けられる環境には置かれていない。<u>その</u>言葉には、山村英夫（「彼」と同一人物—筆者注）という特定の男が良人である必要はないにしても、彼女自身が花嫁という位置に立つことへの願望も秘められていたのではなかったか。／山村英夫の耳には、<u>この</u>言葉は愛の告白のようにひびいた。（吉行淳之介『驟雨』）

⑧では、「ソ」と「コ」がどちらも用いられ、しかも、微妙に使い分けられているとみられる点がある。それは、物語の展開を描写的に表しているところでは先行表現の内容を「ソ」で表し、主人公の山村英夫の立場からとらえた事柄や彼の心情にかかわる内容を指示する際には「コ」で表すという点である。このことは⑧の引用外の部分についても言えることである。

　先行表現の内容を指示する際に「ソ」と「コ」のどちらも用いられる点について、井出至注14は、「すでに表現された先行の叙述内容は、聞き手の諒解したものとして、聴者の勢力圏内にある話材として意識され」るため「ソ」で指示されるのであるとした上で、同じような文脈指示で「コ」が用いられるのは、話し手と聞き手の勢力圏が重なり、

話し手の勢力圏がそのまま聞き手の勢力圏であると意識されて構成される場（本稿でいう「われわれ」の領域とほぼ同じことを指す—筆者注）において、すでに聞き手の勢力圏に属しているとみなされる話材を、なお話し手の勢力圏に属するととらえてのことであると説明している。そして、本来なら話し手と聞き手とが対立する場を構成する、非特定の読者に対する論文とか小説とかの文章の中で、「コ」によって先行表現の内容を指示するということは、話し手が聞き手との心理的距離をなくして、身辺に話しかけようとする効果をねらったものとみることができるのだとしている。井出の説くところは、「ソ」については一応納得のできるものであるとしても、「コ」については果たしてそうとのみ言い切れるものかどうか、⑧の例などを見るかぎりでは、疑わしくなる。

　「ソ」と「コ」の使い分けを支えている基準には、話し手と聞き手の間に構成される場を対立したものとみるか一体化したものとみるかといった点の他に、話し手が自分の表現した内容をどのようにとらえるかという、表現内容に対する主体的な態度がからんでいるのではないかと推測される。それは次のような用法を観察することによって得られる。

　⑨　地球は絶縁体ではなく、ひじょうに大きい導体の球であり、<u>その</u>電位は一定している。そこで、実用的な電位の基準として、地球の電位をゼロととることが多い。また地球に他の導体を電線で接続すると、<u>その</u>導体の電位は、地球の電位と等しくなる。<u>これ</u>を接地（アース）という。ある導体の電位を安定させたいときは、<u>その</u>導体を接地する。（東京書籍『物理Ⅰ』注13）

　⑩　社会生活においては、暴力をふるったり、他人のものを盗んだりするような行動を許しておくことはできない。もし、<u>それ</u>を許しておくと、社会の秩序は乱れ、個人の生命や財産がおびやかされる。また今日、交通事故は大きな社会問題となっているが、<u>そ</u>

の防止のために、さまざまな規則が定められ、それらを守ること
が人々に求められている。このような社会の秩序を守るための活
動によって、わたしたちは安心して社会生活をおくることができ
る。(同上『新しい社会―公民的分野―』)

⑪ 文化とはそれほど深く根をはり、複雑なシステムをもっている
もので、その中で育たない限り、どんなに努力しても完全にマス
ターすることのできないものである。／だれでもはじめて知らな
い国へ行ったとき、たとえ、その国の言葉が話せても、非常にと
まどうのは、この複雑なシステムがあらゆる側面にあらわれて、
拒絶反応を示すからである。きくもの、みるものすべてがめずら
しいという、その社会にコミットしない観光客のレベルはともか
く、何か目的をもってその国へ行った場合、この拒絶反応は大き
なショックである。これがいわゆる「カルチュア・ショック」と
よばれるものである。(中根千枝『適応の条件』)

⑫ (前略)このような情勢のなかで、新しい政策によって、政治を
おし進めることに成功したのが、戦国大名である。(東京書籍『新
しい社会―歴史的分野―』)

⑨⑩⑪⑫の例を通して、表現内容を満たしている素材間の論理的な関
係、つまり、事柄自身の客観的なあり方を叙述する際の先行表現の内
容に関する指示語には「ソ」が、また、叙述した事柄から導き出され
る話し手自身の判断を述べる際や、叙述した事柄をもとに話題を新た
な方向に進める際などには、「コ」が用いられるという傾向が認めら
れる。このことは、客観的な立場に立って事柄を叙述しようとするか、
主体的な立場に立って叙述される事柄をとらえていこうとするかとい
う、話し手の態度とかかわっていることを示していると判断される。
⑧の例も、物語の主人公の心情の変化や心内にわいた感情を作者の視
点から、主人公の視点へと転位させて、主人公の主体的な立場の表現
という形をとったものとみられる。客観的な立場での叙述は聞き手に

とってもそのまま受け入れられるもの─少なくてもそういう前提に立つことができるもの─であるから、話し手は聞き手を自分の叙述している事柄の世界に容易に引き込むことが可能になる。一方、叙述した事柄に主体的な立場からの判断を加えたり、先行叙述の内容をもとに新たな方向に叙述を進めるためには聞き手を絶えず自分の方に引き付けようとしていなければならない。こう考えると、客観的な立場での叙述に「ソ」が用いられるのは、聞き手を対立者としてとらえているのではなく、むしろ、聞き手と一体化した「われわれ」の場を意識しているからなのではなかろうか。文学作品にみられる特徴的な表現手段として、

⑬ その名刺には天川風子と認められてあった。（井上靖『仔犬と香水瓶』）

⑭ 前からその踏絵を手に入れたいと思っていた。（遠藤周作『その前日』）

など、作品の冒頭に指示語「ソ」が用いられることがある。それも、そこから始まる物語の展開が聞き手にとっても至極当然のことなのだという印象を与え、聞き手を作品の世界へ引き込む効果をねらったものだと解せられる。また、主体的な立場から事柄を叙述する際に「コ」が用いられるのは、聞き手を対立者としてとらえ、自己を押し出そうとする意識の現れであるのではなかろうか。

先行表現の内容を「ア」で指示することもある。

⑮ はだしのまま、砂利の多いこの道を駈けて通学させられた小学生の頃の自分を、急になまなましく彼は思い出した。あれは、戦争の末期だった。彼はいわゆる疎開児童として、この町にまる三カ月ほど住んでいたのだった。──あれ以来、おれは一度もこの町をたずねたことがない。（山川方夫『夏の葬列』）

これは文学作品に特徴的にみられる用法だが、作中人物の回想場面で独白的な表現として用いられるのが普通である。⑤⑥のような対話の

場面における用法とその点で異なる。

　最後に、後続表現の内容を指示する場合について触れておく。

　文脈指示において、先行表現の内容を指示するのが指示語の一般的な用法で、後続表現の内容を指示する頻度は前者に比して極めて低い。後続表現の内容を指示する際には、

⑯　たとえば、こんな話がある。ある日本の技術指導者がインドにはじめて行き、インド人を使って仕事をはじめた。（中根千枝『適応の条件』）

と、「コ」の用いられるのが一般である。聞き手にとって未知の事柄を指示するのであるから、当然対立者としての聞き手に対し、話し手自身の領域にあるものとして「コ」が用いられると考えられる。まれに、「ソ」の用いられることもある。そのことについては欧文翻訳文の影響注15とみることもできようが、また、作品の冒頭に用いられる「ソ」と同様の効果を意図したものだとも解される。

　　注

　1　文脈指示の場合には、「話し手」ではなく「書き手」が当然問題になるのだが、指示機能という点では両者に何の差異も生じないので、「書き手」をも含めて、「話し手」という語を用いる。「聞き手」に対応する「読み手」についても同様に扱う。

　2　松下大三郎（1928）『標準日本口語法』（中文館書店）

　3　山田孝雄（1922）『日本口語法講義』（東京宝文館）

　4　橋本進吉（1948）『新文典別記　口語篇』（冨山房）

　5　時枝誠記（1950）『日本文法　口語篇』（岩波書店）

　6　井出至（1958）「代名詞」『日本文法講座　続　第1巻』（明治書院）

　7　宮地敦子（1964）「代名詞」『講座現代語　第6巻』（明治書院）

　8　佐久間鼎（1936）『現代日本語の表現と語法』（厚生閣）

　9　同上22頁。

16 文章中の指示語の機能 —— **199**

10 同上。

11 阪田雪子（1971）「指示語『コ・ソ・ア』の機能について」『東京外国語大学論集』21（東京外国語大学）

12 結論としては同じようなことを高橋太郎が「〝場面〟と〝場〟」（1956『国語国文』二五巻九号）に既に述べている。

13 昭和49年刊の高校用教科書。用例⑩⑫もほぼ同じころに刊行された高校用教科書。現在はどれも用いられていない。

14 注6に同じ。

15 同上。

日本語よ

1996年11月3日 ～ 1997年3月30日（12月22日、29日を除く）
朝日新聞の日曜版に20回にわたり掲載された記事を、横書きに改め、その
まま収録しています。

*

■カンとビン（1996. 11. 3）
■言葉に生きる仏教（1996. 11. 10）
■読書の秋（1996. 11. 17）
■させていただく（1996. 11. 24）
■こだわり（1996. 12. 1）
■あなた（1996. 12. 8）
■申される（1996. 12. 15）
■〜てあげる（1997. 1. 5）
■ツァンチ（1997. 1. 12）
■さわり（1997. 1. 19）

■悩ましい（1997. 1. 26）
■笛吹・人里（1997. 2. 2）
■役不足（1997. 2. 9）
■自分をほめたい（1997. 2. 16）
■日本語の行方（1997. 2. 23）
■初乗り（1997. 3. 2）
■編集者の主観（1997. 3. 9）
■実例と作例（1997. 3. 16）
■いたちごっこ（1997. 3. 23）
■国際性のある辞書（1997. 3. 30）

■カンとビン （1996. 11. 3）

　「カン詰やカンビールの『カン』て、もともと何語だったと思う？」
　「缶と漢字で書くんだから漢語じゃないですか」
　「うん、確かにそう思いたくなるが、実はオランダ語から入った外来語なんだよ。じゃ、ついでに聞くが、ビン詰の『ビン』は？」
　「カンが外来語なら、ビンも外来語でしょ」
　「残念でした。ビンは漢字で瓶で書ける。れっきとした漢語だよ。普通、漢語は外来語とされないからね」

　「カン」はオランダ語 kan に由来し、漢字の缶は音と意味の似た文字を当てたに過ぎない。
　一方、漢語の「瓶」は、その音が、いかにもヨーロッパ伝来のものだという印象を与えるせいか、外来語として受け止められがちだ。
　古代中国語からの借用である漢語は、どの地域の中国語が、いつごろ伝来したかによって、日本語として受け入れられた際の、漢字の音の異なることがあり、それを古い順に、呉音、漢音、唐音（宋音とも）と呼んでいる。
　「瓶」は、唐音に基づく音である。
　禅宗の伝来した鎌倉時代初期を中心とする、新しい時代の中国語音が伝わったもので、数はそう多くはないが、現代生活をあらわす言葉に生きつづけている。
　提灯（ちょうちん）、暖簾（のれん）、鈴（りん）、饅頭（まんじゅう）

をはじめ、椅子（いす）、炬燵（こたつ）、布団、法被など、数多く拾いだすことができる。

今は、寺の住職を和尚（おしょう）と呼ぶのが普通だが、これも禅宗とともに伝えられた唐音である。

多くの国語辞書で、唐音による漢語について、「字は唐音」などと注記している。

折を見てはこの種の言葉を辞書で探しだし、日中交流の深い歴史に思いをいたすのも一興だろう。

■言葉に生きる仏教 （1996. 11. 10）

　「彼はうらやましいよ。老舗（しにせ）の若旦那（わかだんな）に納まることが決まっていて、就職の心配がないんだから──」などと言うときの「若旦那」は、言うまでもなく若主人の意である。

　「旦那」は、商家の経営者として、その世界でそれなりに評価されるような人を表すとともに、一家の長を表したり、中年以上の男性に対する呼びかけだったりする。

　本来、旦那は仏教の世界で寺院などにお布施をする人、つまり「施主」の意味であった。もちろん、その意味も、今に受け継がれてはいるが。

　この「旦那」は漢語と見られやすいが、果たしてそうであろうか。

　漢字の熟語は、それぞれの文字が表す意味を結び合わせれば、おおよその意味が理解できる。

　しかし、「旦」は朝のことで「那」は多いという意味だから、「施主」とはうまく結びつきそうにない。

　実は、見かけは漢語を装っているが、本来の中国語ではないからである。

　これは、サンスクリットとも呼ばれる梵語（ぼんご）で書かれた仏典を、中国語に翻訳する際に作られた言葉なのだ。仏教固有の概念、事物、行事や固有名詞を、表音的に漢字に置き換えたものなのである。

　盂蘭盆（うらぼん）、卒塔婆（そとば）、釈迦（しゃか）、阿弥陀（あみだ）など仏教語は少なからずある。中でも秀逸なのは袈裟（けさ）

である。充てた字がいかにも衣服を表すように見られるため、本来の漢語と錯覚されやすい。旦那同様、用法の広がった語も、娑婆(しゃば)、奈落（ならく）などたくさんある。

　この種の言葉は、国語辞書では「梵語の音訳」といった注記で示される。信仰心の有無はともかく、仏教文化の根の深さを知る一端にはなろう。

■読書の秋 （1996.11.17）

「秋も深まり、灯火に親しむ候になったね。ところで、本を読むのは好きかね」

「ええ、読書好きでは人後に落ちないつもりですが」

読書とは、と問われたら、おそらく多くの人は、本を読むことだと答えるだろう。確かに、その通りかもしれないが、本を読む行為はすべて「読書」なのだろうか。

新明解国語辞典によると、「想（ソウ）を思いきり浮世（フセイ）の外に馳（ハ）せ精神を未知の世界に遊ばせたり人生観を確固不動のものたらしめたりするために、時間の束縛を受けること無く本を読むこと」とある。

さらにその前後には、「研究調査や受験勉強の時などと違って」「寝ころがって漫画本を見たり電車の中で週刊誌を読んだりすることは、勝義の読書には含まれない」という注がついている（勝義は、その言葉の持つ本質的な意味・用法の意）。

この語釈を読んでどう思うだろうか。よくぞ読書の本来の意義を鋭く指摘してくれたと喜ぶ人もいる一方、こんなことを言われたって、この忙しい時代に、時間の束縛を受けずに本が読めるほど優雅な暮らしができるか、と反発を覚える人も多いに違いない。

「読書」の意味をあまりにも狭く限ってしまった感があるが、故編集主幹の読書観がそのまま反映されたものだととれば、その気持ちはわからないでもない。若者の書物離れの目立つ昨今、怒りやいらだち

にかられながらも、何とかして読書の楽しみを味わわせたい、という悲痛な叫びが聞こえてくるようだ。

　要は、教養を深めるためであれ、興味本位であれ、功利的な目的にとらわれず、とにかく書物の世界に遊ぶ心を養い育てることだと思う。

　一つの「読書」観にこだわることなく、気楽に「読書」を楽しもう。書物を通して、新たな視野が開け、一段と豊かな、実りある人生が期待できるかもしれない。

■させていただく （1996.11.24）

　「間もなくドアを閉めさせていただきます。ご乗車の方はお急ぎください」といったアナウンスを駅で耳にすることがある。

　このアナウンスを聞いて違和感を抱くところはないか、とそれぞれ二十人前後の外国人留学生と日本人の女子短大生に質問してみた。

　留学生はほぼ全員がなにか気になると答えたが、短大生の方は大多数が特に変だとは思わないと答えた。

　留学生がおかしいと感じたのは、「ドアを閉めさせていただく」というところだ。ラッシュ時には、客がちょっと待ってくれと言ったって、車掌がお構いなしにドアを閉めてしまうじゃないか。また、そうしなければいつになっても発車できないと言うのだ。

　「用事があるので、先に帰らせていただきます」「寒いから、窓を閉めさせていただきます」などと言うときの「〜（さ）せていただく」は元来、自分一人の判断によるものではなく、相手の了解のもとにそうする、という意味を表す表現形式である。「〜（さ）せていただきたい」「〜（さ）せてください」なども同様だ。

　この種の表現形式は、相手の了解を求めることがへりくだった態度を示すことに通じることから、謙譲表現の役割を果たすようになった。今では、了解の有無にかかわりなく、また、了解を得る必要のない場合にも、謙虚さを示そうとするのに都合のよい表現として、安易に使われるようになった。日本人短大生がなんとも思わなかったのも、単なる謙譲表現ととらえたからだと思われる。

本来の意味が生きる状況で使えばこそ、謙譲表現としての役割も果たせるのに、状況を無視して使えば、聞く人に卑屈だとか、いんぎん無礼だという印象を与えかねない。

日本語をきちんと身につけた外国人から、日本語をあらためて学び直す日がくるのも遠くはなさそうだ。

■こだわり (1996. 12. 1)

「ぼく、今、日本料理にこだわっているんですよ。実に奥が深いですね」

「それは困ったことだね。ゴルフでもやって、忘れるようにするんだね」

「男が料理にこだわるのはおかしいですか」

「だって、君はそのことで悩んでいるんだろう」

「？」

どうもこの二人の会話はかみ合わない。こだわることを一方は意義のあることだと思っているのに、他方は無駄なことだと見ているからだ。

「新明解国語辞典」では、「どうでもいい・（とらわれてはならない）問題を必要以上に気にする。『自説・（メンツ・目先の利害・枝葉末節）に—』」と記している。これが本来の意味である。

岩波国語辞典は、「ちょっとしたことにとらわれる。拘泥する。『小事に—』▽元来は良い意味でない。近頃は特別の思い入れがあることも言う」と、新しい用法を注記の形で添えている。

「こだわる」事柄は、元来取るに足らないこと、とらわれてはならないことであり、前向きな姿勢で事に当たったり、新たな事態の展開を望んだりすることの妨げになるものであった。

それが近ごろでは、他人はどう思おうと、当人にとっては無視する

わけにはいかないことについて徹底的に追究しようとする、意欲的な行動を指す意味に用いられるようになってきた。

この種の新しい用法は、本来の意味で用いられた用法よりむしろ数多く見いだされるくらいだ。

辞書でも注記を添えるくらいでは済まず、一つの意味として項を立てざるをえなくなるだろう。

言葉の意味が時の流れとともに変わるのは当然だが、同じ言葉に相反する意味が共存することは、コミュニケーションの妨げになる。今後の成り行きにこだわり続けたい。

■あなた (1996. 12. 8)

　外国人への日本語教育の現場では、入門期の段階で、
「あなたはジョンソンさんですか」
「はい、わたしはジョンソンです」
といったやりとりがよく行われる。

　問いかけるのが先生で、答えるのが学生なら、これで何も問題はないのだが、立場が逆になって学生から先生に向かって、「あなたは日本語の先生ですか」などと言わせることはまずない。「あなた」は、立場が上の人を指す場合にはなじまないからだ。

　一人称（自分自身を指す言葉）には「わたし」「ぼく」「おれ」などがあり、使い分けの基準も一応あるといってよい。外国人なら、男女を問わず、「わたし」一つで十分だろう。

　ところが、二人称（話し相手を指す）となるとそう簡単ではない。「あなた」や「きみ」「おまえ」などがあることはあるが、どれも同等か下の立場の人に対してしか使えない。

　立場が上の人には、その人の肩書を表す「先生」「部長」「社長」といった言い方をする。上下関係がはっきりしないようなときには、「奥さん」「運転手さん」と言ったりもする。友人や知り合いは「山田さん」「正男君」と名前で呼んだりすることが多い。

　「あなた」や「きみ」は実際の生活では意外に用いられない。

　自分との関係によって相手を指す言葉を換えることは、それに慣れきっている日本人には大して気にもならないかもしれない。が、日本

語を修得し、日本の社会に慣れようと努力している外国人にとっては
これは深刻な問題だ。

　国際化時代には、相手がだれであっても安心して使える二人称の確
立が望まれる。

　立場の上下に関係なく「あなた」が使えるようにするか、「そちら」
などという表現を普及させるのも一案だ。

■申される　(1996. 12. 15)

「課長の立場としましても、部長が申されるような処理が最善だと思います」といった言い方をよく聞く。

問題は「申される」にある。課長は部長に尊敬語（上の立場の人の行為を表すのに用いる語）を使ったつもりだろうが、「申す」は謙譲語（上の立場の人に関係のある話し手自身の行為を表す語）なのだから、それに「れる」を添えても尊敬語にはならないということである。

ところが、敬語の専門家がいくら注意を喚起しても、いっこうに改まらない。企業人の中には、「学者がいくら誤りだと指摘したところで、我々の間では、言う方も言われる方も尊敬語としてとらえており、それで通用しているのだから、何も問題はないじゃないか」と言う人もいる。聞きようによっては開き直った発言だともとれる。

開き直ろうが直るまいが、誤りは誤りだと決めつけることは簡単だ。でも、それでは何の解決にもならない。

謙譲語に「れる」を添えて、尊敬語にする誤りがある一方、「おっしゃられる」「お読みになられる」など、それ自体が尊敬語である「おっしゃる」「お読みになる」に、余分に「れる」をつけてしまうことがある。こうした現象を考え合わせると、敬語の仕組みそのものに欠陥があるのではないかと疑いたくなる。

尊敬語に、「れる／られる」を添えるもの、「お読みになる」のように、「お……になる」の形にするものがある上に、「おっしゃる」「めしあがる」など尊敬語専用の言葉があるのは、煩わしい。

尊敬語と謙譲語（これにもいくつかの型がある）の使い分けも、なかなか建前通りにはいかないようだ。

　敬語は正しく使えてこそその役割を果たすものである。旧来の慣習にとらわれず、思いきった敬語の簡略化・単純化を図る時期にきていると言えるのではないだろうか。

■〜てあげる　(1997. 1. 5)

「体の不自由な人に親切にしてあげよう」

「お年寄りに席を譲ってあげよう」

このように、何かにつけて「〜てあげよう」を耳にしたり目にしたりする。

日本人は、利益や恩恵の流れに敏感で、それを言葉の上にもきちんと反映させるのだ、といわれている。

利益や恩恵を与える行為を「〜てやる／あげる」の形で言うのに対し、相手側は「僕は友達に安売り店を教えてもらった」「母がわたしに帽子を買ってくれた」などと「〜てもらう／いただく」「〜てくれる／くださる」の形で、利益や恩恵を受けたことを表すというわけだ。

何らかの利益や恩恵を受けた当人が、「わたしは友人に〜てもらった」「先輩はわたしに〜してくださった」と感謝の気持ちを込めて言うのはよくわかる。第三者的な立場から、「あれほど有利な条件を与えてもらったのに、まだ不満があるとは納得しがたい」と、状況をとらえて言うのも理解できる。

気になるのは、利益・恩恵を与える側がそれをいちいち言葉に反映させようとすることだ。

「せっかく貸してやったのに……」「親切に教えてあげたが……」などと、ことあるごとに言われると、恩の押し売りをされている感じがする。相手に貸しを与えて優越感に浸ったり、お返しを期待したりしているのじゃないかと疑いたくもなる。

貸しを与えたことにこだわるなら、借りる側に回ったときには、どうやって返すかに悩まなければならない。絶えず貸し借りを意識して生活するというのは、なんとも息苦しい。

貸しを与えたからといって尊大な態度をとる、借りがあるから言いたいことも言えず我慢を重ねる、といった毎日では窮屈でたまらない。「～てやる・あげる」の使用は必要最低限にとどめたい。

■ツァンチ （1997. 1. 12）

　「ツァンチシェンシャン」と、突然声をかけられ、どぎまぎした。「シェンシャン」が先生だとはわかったが、「ツァンチ」がだれを指すのかピンとこなかった。十数年前、中国に半年ほど滞在したときのことである。

　「ツァンチ」は「倉持」つまり、「倉持先生」と呼ばれたのだ。

　海外へ出かければ、行く先々でいろいろに名前を呼ばれる。パリの銀行では「ムッシュー・クルムシ」といった感じに聞き取れる呼び方をされた。タイの大学では「アジャーン・クラモチ」（直訳すれば「先生・倉持」）と呼ばれていた。

　敬称が先になったり後になったり、ときには姓ではなく名で呼ばれたりとかの差異や、発音に多少怪しい点があるが、外国人の口から発せられるのだから気にもならない。とにかく、「クラモチ」あるいは「ヤスオ」が聞き取れれば、それに応じられる。

　ところが、名前の漢字を中国語で発音されると、だれのことやらまったくわからなくなってしまう場合が多い。

　考えてみれば、日本人も中国の人名には同じことをしている。「毛沢東」を「モウタクトウ」というのは、漢字を日本語の発音に置き換えただけであって、中国人が日本人を呼ぶのと同様である。

　日中両国の間ではこれで済むかもしれない。が、両国以外の人々を相手に、中国人が日本人を、また日本人が中国人を話題にするときに、それぞれに本来の名前を知らないことで、コミュニケーションが円滑

に行われなくなる。

　日中同様、名前に漢字を用いていても、韓国と朝鮮民主主義人民共和国（北朝鮮）の人の名は、原音に基づく発音で呼ぶのが一般化した。これは国際化にふさわしい現象である。こういったことを日中双方にも広め、単純に漢字表記に基づいて名前を呼ぶといった従来の慣習からの脱却を図りたいと思う。

■さわり （1997. 1. 19）

「君はカラオケによく行くかい」

「ええ、よく行きます。カラオケって言えば、演歌ですね。矢切の渡しなんか、よく歌いますよ」

「それどんな歌だっけ。出だしのところは」

「ああ、さわりですか」

「いや、出だしだよ」

「だから、さわりでしょ」

歌の出だし、つまり歌の冒頭の部分を指して「さわり」という言葉を使う若い人がふえている。

「さわり」とは――

　その義太夫節（ぎだゆうぶし）の中で、一番の・聞かせ所（聞き所）とされる部分〔広義では、一つの話の中で、最も・感動的な（印象深い）場面を指す〕＝新明解国語辞典

また――

　一曲中で眼目とする、聞かせ所。「―を聞かせる」。転じて、話の聞かせ所。▽もと、義太夫で、他の節づけを取り入れた箇所。他流にさわる意　＝岩波国語辞典

と、国語辞典に記載されているように、「いちばんの聞かせどころ」を指すのが本来の意味であった。

ほかの国語辞典に当たってみても、映画・演劇の名場面などについ

ても用いると付け加えたものがあるぐらいで、大差はない。

　曲のいちばんの聞かせどころが冒頭の部分であれば、そこが「さわり」ということになるだけのことだ。

　いつごろから歌の冒頭の部分を指すようになったのか、それを裏付ける資料はまだ得られていない。しかし、いずれは、その実態が明らかになり、国語辞典の「さわり」の項に、新たな用法として取り入れることになるだろう。

　絶えず社会の動向に目を光らせ、微妙な変化も感じ取ることが、辞書編集者に負わされた責務だということは自覚しているつもりだが、骨の折れる仕事だ。

■悩ましい （1997. 1. 26）

　数カ月ほど前、ある出版社の編集会議で、

「資料をどんな形でまとめるか、悩ましい問題です」

　という発言を耳にした。それから一月もたたぬうちに、テレビの囲碁番組の時間で、

「次の一手をどう打つかが悩ましいところですね」

　と言うのを聞いた。

　どちらも、「悩まずにはいられない」「あれこれ悩む」といった意味だと解される。「悩ましい」といえば、「悩ましい浴衣姿」「甘美で悩ましい声」などといった使い方をするものとばかり思っていた私は、一瞬奇異に感じた。新明解国語辞典によれば、「悩ましい」の意味は、

①精神的・（肉体的）苦痛がひどくて、じっとしていることが出来ない状態だ。

②官能が刺激されて平静でいられない感じだ。

　とあるが、その①の意味に該当する用法に接したのだ。

　この種の用法は源氏物語など、古語にはあるが、現代語としてはもっぱら②の意味しか念頭になかったものだから、違和感を覚えたのだ。

　私一人の語感かと思って、何人かに尋ねたら、やはり②の意味でしか使わないという答えが返ってきた。日本語学専門の中道知子さん（大東文化大学）も私と同じ疑問を抱き、①のような意味で使われるかどうかを、数人の言葉の専門家に聞いてみたところ、私が得たのと同様の答えが聞かれたそうだ。

日本語よ —— **223**

　しかし、少数派ではあるかもしれないが、①の意味で用いている人がいることも事実だ。中道さんも新聞などからもいくつか採集されている。

　一部の人々に古語の世界から脈々として受け継がれてきた用法なのか。「好ましい」「望ましい」などの類推から生まれた新しい用法なのか。「悩ましい」の語誌が明らかにされていない現在、即座に解答は得られない。

　ごく普通の用法とするかどうか、国語辞典での扱いに悩まずにはいられない問題だ。

■笛吹・人里 (1997. 2. 2)

「昨日は久しぶりにドライブを楽しんできましたよ」
「ほう、どちらへ」
「多摩川の支流の秋川沿いに、東京の一番西のはずれの方まで行ってきました」
「それじゃ、フエフキとかヒトザトなんていう所のある……」
「ああ、それは実はウズシキ・ヘンボリと言うんです」
「ほう、笛吹と書いてウズシキ、人里でヘンボリか」

　何十年住んでいても読み方のわからない地名が、東京都の中だけでも、いくらでもある。中でも、ウズシキ・ヘンボリなどは、地元の人か、旅好き・ハイキング好きの人にしか正しい読み方が知られていないだろう。
　アイヌ語に由来する地名に漢字をあてた所の多い北海道に難読地名が多いのは当然だが、鹿児島県の指宿（いぶすき）、大阪府の枚方（ひらかた）など、日本全国至る所に手ごわい地名がある。
　漢字で書かれた地名が正しく読めるかどうかは、その人の地理に対する興味や知識によって決まることだと言ってしまえばそれまでかもしれない。が、種々の情報がはんらんし、何をどう覚えることが必要か、選択にとまどいがちな現代に、日本中の地名が正しく読めるような知識を身につけろなどというのはちょっと無理な注文だと思われる。

困ることは、正確な読み方を知る手がかりが身近なところで簡単には得られないことだ。

駅名などは、そこに行けば仮名書きやローマ字書きが併記されているので、ははあそうか、とわかるのだが、出かける前には時刻表などで調べてみないとわからない。

当面、これといった特効薬がないなら、多少なりとも誤読される恐れのある地名は、振り仮名付きで記すようにするのはどうであろうか。初めは煩わしいことのようでも、慣れてしまえば、それほど苦にもならないと思われる。

■役不足 (1997. 2. 9)

「田中君、明日のパーティーの司会をよろしくお願いしますよ。期待していますから」

「一生懸命させていただくつもりですが、わたしには役不足で、うまくつとまるかどうか自信がありません」

「役不足？……」

田中君は、司会役を無難にこなせるかどうか心配し、自分は力不足なのではないかということを「役不足」だといっている。

辞書は、「役不足」を、

割り当てられた役目が軽過ぎ・る（て、それに満足出来ない）こと
＝新明解国語辞典

と、している。

「あの名優がわき役とは、役不足で気の毒としか言いようがない」というふうに、当人自身が使うよりも、他人を評していうことが多い。だから、田中君の使い方は明らかに誤りである。

何かをきっかけにして、どんな場面で、また、どんな文脈で使われたのかも意識せずに覚えた言葉には、とんでもない思い違いをしてその意味をとらえているものがある。

誤りはだれにでもある。問題はいつ誤りに気付くかということである。

一度こうだと思い込むと、誤りを正す機会があってもそれに気づかずにいることがよくある。

日ごろ使いつけている言葉であっても、折にふれて辞書を開き、自分が思っている意味が正しいものかどうかを確かめる習慣をつけたい。知らなかったり忘れたりした漢字を引く—文字通りの字引—といった利用のしかたばかりでは、辞書の価値も半減する。

言葉の意味に詳しい人に意見を求めるのもよいだろう。「聞くは一時の恥、知らぬは一生の恥」なのだから。

また、友人の誤った言葉の使い方を指摘する勇気も必要だ。相手を傷つけるといってためらいがちだが、そんなことで友情が損なわれるとしたら、真の友人とはいえない。

■自分をほめたい （1997. 2. 16）

「オリンピックの女子マラソンをご覧になりましたか」
「ああ、見ましたよ。有森さんが健闘しましたね」
「ええ、私もすばらしいと思いました。でも、インタビューのときの、自分をほめたい、というのは、自分がほめたい、が正しいんじゃないですか」
「いや、あれは自分をほめたい、でいいんですよ」
「そうですか？」

アトランタ・オリンピック直後の、ある留学生との会話である。
この留学生は、希望・欲求を表す「～たい」の用法について、「水が飲みたい」「新しい車が買いたい」などと、希望・欲求の対象となるものは「……が」というのだと習っていたのだ。
確かに、「……が～たい」の文型も用いられるが、意外に用法が限られている。かなり以前から、「Aをドウスル」という言い方をする「A」が希望・欲求の対象となる際には、そのまま「たい」を添え、「Aを～たい」と言っている。「A」に人が入ってくる場合には、「を」を「が」に替えると、「わたしは悩める人が慰めたい」というようなことになり、かえって不自然に聞こえる。
ところが、国文法の解説書や外国人向けの日本語教科書では、「……が～たい」の形式が規範的だとしているものが少なくない。歴史的にも明確な根拠を欠くのに、一つの形式を規範的だと押しつけるのは何

とも理解しがたい。

学校文法（中学・高校の文法）には、気になる点が多々ある。助動詞「れる」の扱いもその一つだ。「れる」には「受け身・可能・自発・尊敬」の用法があると書かれているが、共通語では「行かれる」といった例外を除いては、可能を表すには「書ける・読める・歩ける」という言い方をするのが普通だ。

行政改革も急務なら、文法教育改革もまた急務だ。

■日本語の行方 （1997. 2. 23）

「日本語をめぐる国際シンポジウムが終わって、昨夜帰国したよ」

「どんなテーマのシンポジウムでしたか」

「日本語の将来像というテーマだったが、特に文法と漢字表記に議論が集中したね」

「どんな問題にですか」

「文法は、〈読まさせていただく〉などを認めるかどうかといったことなど、規範と現実とのずれが話題になったね。いわゆる〈らぬき言葉〉は必然性のある変化だと見る人が多かった。むしろ、〈やはり〉や〈〜とか〉が気になるという意見が海外の日本語研究者から出たね」

「そうですか」

「ほかと同類だという必然性もないのに、〈わたしもやはり〉と言ったり、そのことだけを取り上げているのに〈料理とか作って〉と、例として示すように言ったりするのはどういうことかと意見を聞かれ、返事に困ったね」

「そうでしょうね」

「日本人には画一化志向があるんじゃないかとか、責任を回避しようとする気持ちから、例示の形式をとりたがるのだろうという人もいたよ」

「厳しい指摘ですね」

「漢字は、支持論と否定論が相半ばしたね」

「と、おっしゃると？」

日本語よ —— 231

「支持論は漢字の表意性をもっと生かせという考えだ。たとえば、英語のアクロフォビア (acrophobia) という言葉は、英国人であっても教養がないとわからない。日本語なら〈高所恐怖症〉ですぐにわかるというんだ」

「なるほど」

「否定論の多くは、読めなければ国語辞典が引けないというものだった。人名、地名も読めなくて困るそうだ」

「そうでしょうね。日本人にも難しいんだから。わたしも外国人から尋ねられて弱ったことが何度もありますよ」

「よき伝統は守りたいが、外国人にも覚えやすい文法体系と、読める漢字の表記法を確立する必要があるね」

■初乗り (1997.3.2)

「タクシー料金の規制が近く緩和されるようだね」

「そういう話ですね。そうなると、客は初乗り料金を聞いて乗るかどうか決めることになるんでしょうか」

「そうだろうね。ところで、初乗り料金という言葉、君は気にならないかね」

「いや、別に。最短区間の料金という意味でしょ」

「それは分かっているよ。私が問題にしたいのは、初乗りの、初の部分なんだ。初～というのは、初日の出、初節句、初舞台というふうに、繰り返し行われる事の最初という意味で使うのが普通だろう」

「確かにそうですね」

「ところが、タクシーや電車・列車で使う初乗りの初は意味が違うんじゃないかな」

「なるほど違いますね。乗り物の場合は、何度も乗ったり降りたりする時の、最初の料金という意味じゃありませんから」

「いろいろ調べてみたんだが、このような初の使い方はほかに見当たらなかったね。新明解国語辞典でも、初盆、初物などと造語法が異なることに注意、と記しているぐらいだ」

「いいじゃないですか。それだけ日本語の表現力が増したんだから」

「そう言えば言えないこともないが、伝統的な用法を無視した使い方をするのもどうかと思うね」

「でも、もともと鉄道関係者やタクシー業界の人たちの間で使われ

た言葉がそのまま使われるようになっただけ、だと思うんですが」

「私もそうだと思う。そういう仲間うちで通じる言葉（通語という）が、一般化されるところに問題があると思うな。ほかに類例のない意味を無理やり押し付けられた感じがするんだよ」

「その世界では便利な言葉として通用しても、安易に一般化されると、日本語の伝統が失われかねないということですね」

234 —— 日本語よ

■編集者の主観　(1997. 3. 9)

「『新解さんの謎（なぞ）』という本、お読みになりましたか。新解さんとはだれかと思ったら、新明解国語辞典のことなんですね」

「もちろん読んだよ。わたしも関係者の一人だから」

「ずいぶんユニークな辞書のようですね」

「確かに個性的で、良い悪いはともかく、他の小型国語辞典とは一味違うね」

「と、おっしゃると」

「いろいろな点で個性が発揮されているが、一口で言えば、編集者の主観的な判断が大胆に紙面に反映されているということだよ」

「具体的に言うと」

「例えば、口語文法などというときの口語は、どんな意味だと思う？」

「文語に対して、日常の会話に使ったりする話し言葉という意味でしょ」

「その通りで、おおかたの国語辞典には、今君が言ったようなことが書いてあるよ」

「新明解国語辞典ではどうなんですか」

「新明解では、まず

　　音声で表現される言語の中で、社会人が日常の生活に使用するもの。

　と説明している。これだけなら他の辞書と大差がないんだが、その後に

自（おのずか）らある種の品格が求められ、同時に独自の文法・
　語彙（ごい）の体系が備わっている
　とコメントがある。文語文とは違う独自の文法・語彙の体系が備わっ
ていることはだれでも認めるだろうが、ある種の品格が求められると
いう点になると、疑問視する人もいると思うね」
　「そうかもしれませんね」
　「でも、こういった主観的と思われる判断も、日常何げなく使って
いる話し言葉に対する反省をうながすという点から見れば、許される
んじゃないかな。より美しく、より的確に言葉を使おうとする努力を
惜しんでいたら、言葉の乱ればかりが目につくようになりかねないか
らね」

■実例と作例 (1997. 3. 16)

「新明解国語辞典は用例の面でも他の辞書とずいぶん違いますね。
『ぞっこん』という項を引いたら

　　私は、雪子の美貌（びぼう）と気性にぞっこん引きつけられてい
　　たが

という例が出ていました。

　　私は彼女の美貌にぞっこん引きつけられた

といったぐらいで済ます辞書が多いんじゃないかと思いますが」
「それは、実例を挙げているからだ。小型国語辞書で、新明解ほど
実例をそのまま引用している辞書はほかにないだろうね」
「他の辞書は実例を挙げているんじゃないんですか」
「小型国語辞書では、ほとんどが作例、つまり編集者が作った例を
挙げている」
「どっちが良いんですか」
「本来は実際に使われた例を挙げるべきだと思うよ」
「そうしないのは？」
「実例というのはその言葉の使われた場面・状況や文脈がわからな
いと、部分的に取り出しても読者によく理解できない面がある。それ
で、長く引用するか、場面などを補足的に説明する必要が出てくる。
その分、用例の占める割合が大きくなる」
「なるほど」
「一方、小型国語辞書であっても、限られたページ数の中に、少し

でも多くの言葉を載せようとするし、できるだけ意味の説明や必要な情報を詳しく載せたいと思う。そうなると、実例にこだわって、一項目の量を増やすよりは、いかにもその言葉にふさわしい典型的だと考えられる例を作って載せる方が効率がよいということになる」

「新明解が実例を多く取り入れたのは？」

「いちばん大きな理由は、編集者の言葉についての経験や知識は意外に狭いもので、作例に甘んじていると、現実の用法を見落としたり、現実から離れた虚構の産物になりかねないということを恐れたためだね」

■いたちごっこ (1997. 3. 23)

「新明解国語辞典の『いたちごっこ』をひいてごらん」

「うわ、これはすごい。㊤までを省いて、㊄だけでも

　㊄当局が取締りを強化すれば相手はその裏をかいたり、さらに
　新たな抜け道をくふうしたりするというように、被取締り者の行
　動を封ずる当局の試みがなんら根本的な解決にはなっていないた
　めに、現在の好ましくない対立が止めど無く繰り返されること。

と書いてあります。項目全体では、この約六倍ありますね。どうし
てこんなに詳しいんですか」

「新聞などから実例を集めて、用法を分析した結果だと思うね」

「そうですか。それにしても驚きですね。ほかの小型国語辞書、例
えば岩波国語辞典じゃ、本来の子供の遊びは別にして、

　両者が同じようなことをしあって、なかなかちがあかないこと。

となっているだけですよ。この程度の説明で、『いたちごっこ』と
いう言葉自体の意味はわかると思うんですが」

「うん、多少不満が残るが、意味の肝心の部分はつかめるだろうね」

「新明解はかなり具体的に個々のケースを取り上げているんですね」

「そうなんだ。それが新明解の真骨頂とでもいうべきもので、一般
的な意味の説明に終わらせず、用法に即した解釈を全面的に押し出し
ているんだよ。特に、政治の貧困や不正の横行といった社会現象にか
かわる用例は、故編集主幹にとっては許しがたいことなんだ。それで、
読者に対して警鐘を鳴らそうという意図で、積極的に取り込まれてい

るようだね」

「辞書でそこまでする必要があるんですか」

「必ずしもあるとは言えないが、少なくとも読む楽しみが増すことは確かだね。読んで楽しめる辞書が一つぐらいはあってもいいと思うね」

240 —— 日本語よ

■国際性のある辞書 （1997. 3. 30）

「『新明解国語辞典』にこだわるようですが、他の辞書と比べて、用
例の挙げ方が変わってますね」

「例えば」

「『雨』をひくと、自然現象の意味の説明の後に、

　　きょうも―〔＝雨天〕だ・弾丸の―〔＝連続的に激しく降りかか
　　る弾丸〕

と、用例が挙げてありますが、一番よく使いそうな『雨が降る』『雨
が止（や）む』という例はないんです。『山』の項を見ても、自然の
地形としての山には、

　　―の高い帽子・タイヤの―〔＝盛り上がった部分〕・―〔＝折り目〕
　　の切れた帯・海のものとも―のものとも分からない〔＝どうなる
　　のか全く見込みが立たない〕

といった用例だけで、『山に登る』『高い山からふもとの町を見下ろ
す』などという例がないんです」

「確かに新明解全般にそういった傾向があるね。今、君が言ったよ
うな用法は分かりきっているから挙げるまでもないという考えが編集
主幹にあったようだね」

「でも、外国人などには不親切じゃないんですか」

「そう、不親切と言われるだろうね。新明解は大人向けの辞書で、
日本語を意のままに操れる人にとっては、思いきった大胆な語釈や日
本語の表現力の豊かさを示す用例が一つの魅力になっているようだ。

だが、一方には、日本語を本格的に学習しようとする外国人や、最も一般的な使い方は何かといったことを知ろうとして辞書をひく人もいるということを忘れてはいけないと思うね」

「とすると、新明解はこれからどんな方向に進むべきだと思うんですか」

「個人的には、国際性のある辞書を目指したいと思う。日本人にとって含蓄に富んだ辞書であると同時に、日本語を学ぶ外国人にも十分に必要な情報を提供できるものでありたいということだ」

「期待しています」

初出一覧

1 「あと【後】」と「さき【先】」 （書き下ろし）

2 「かもしれない」は50％の確率か （書き下ろし）

3 「なければならない」と「なければいけない」 （書き下ろし）

4 「おざなり」と「なおざり」について （書き下ろし）

5 「たま」と「まれ」 （書き下ろし）

6 「見える」と「見られる」、「聞こえる」と「聞ける」
 （書き下ろし）

7 場所を表す「で」と「に」について （書き下ろし）

8 「汗を拭く」と「顔を拭く」
 2005年（平成17年）大正大学国文学会 「国文学踏査」第
 17号

9 形容詞述語文の構造について ―「が」の機能を中心に―
 1998年（平成10年）「大正大学大学院研究論集」第22号

10 日本語教育における類義語の指導

1986 年（昭和 61 年）「日本語学」5 巻 9 号　明治書院、
2005 年（平成 17 年）『「日本語学」特集テーマ別ファイル
(2) 意味Ⅱ』明治書院　再録

11　補助動詞「(〜テ) シマウ」について
　　2000 年（平成 12 年）『日本語　意味と文法の風景　―国広
哲弥教授古稀記念論文集―』　ひつじ書房

12　残る・残す、余る・余す　　　　　　　　　　　（書き下ろし）

13　「腹が立つ」と「腹を立てる」
　　1986 年（昭和 61 年）『松村明教授古稀記念国語研究論集』
明治書院
14　類義と称せられる接尾語について
　　―特に「ぎわ」「しな」「がけ」の場合―
　　1970 年（昭和 45 年）群馬大学語文学会「語学と文学」第
14・15 号

15　「なまじ」について　　　　　　　　　　　　　（書き下ろし）

16　文章中の指示語の機能
　　1987 年（昭和 62 年）『国文法講座 第 6 巻』　明治書院

■「日本語よ」（20 回分）朝日新聞日曜版連載
　　1996 年 11 月〜1997 年 3 月

倉持保男先生略歴 <small>（生年月日 1934（昭和9）年 11 月 16 日）</small>

■学歴

1958 年　3 月　　東京大学文学部国文学科卒業

1959 年　4 月　　東京大学大学院人文科学研究科国語国文学専門課程
　　　　　　　　入学

1962 年　3 月　　同大学院同研究科修士課程修了　文学修士号を取得

■職歴

1962 年　4 月　　千葉大学助手、留学生課程（1964 年より留学生部）に
　　　　　　　　配置される

1965 年　7 月　　同大学講師に昇任される

1967 年　7 月　　同大学助教授に昇任される

1970 年　4 月　　群馬大学教育学部に配置転換される

1971 年　3 月　　同大学退職

1971 年　4 月　　慶應義塾大学助教授、国際センターに配置される

1983 年　4 月　　同大学教授に昇任される

1997 年　3 月　　同大学退職

1997 年　4 月　　大正大学教授

2008 年　3 月　　同大学定年退職

・上記の間、下記大学等の非常勤講師その他を兼ねる

1962 年 10 月〜1969 年　3 月………アメリカ・カナダ十一大学連合日本
　　　　　　　　　　　　　　　研究センター非常勤講師

1963 年 10 月〜1980 年　9 月………東京外国語大学留学生課程（1971 年

より特設日本語科）非常勤講師

1968 年 6 月～1971 年 3 月………慶應義塾大学国際センター及び文学
部非常勤講師

1969 年 4 月～1973 年 4 月………大正大学文学部非常勤講師

1980 年 9 月～1982 年 3 月………タイ国チュラロンコン大学・タマ
サート大学客員教授（国際交流基金
より派遣される）

1985 年 3 月～1985 年 7 月………在北京、日本語研修センター日本語
専家（国際交流基金より派遣される）

1986 年 4 月～1990 年 3 月………青山学院大学文学部非常勤講師

1988 年 3 月～1989 年 3 月………タイ国タマサート大学主催日本語教
育セミナー　第1回及び第2回主任
講師

1989 年 1 月…………………………交流協会（台湾との外交代行機関）主
催、日本語教育研修会講師、高雄市、
台北市にて現地日本語講師を対象に
「文法論」に関して計8時間講演

1989 年 9 月…………………………交流協会（台湾との外交代行機関）主
催、日本語教育研修会講師、台南市
にて現地日本語講師を対象に「文法
論」に関して計6時間講演

1990 年 4 月～1996 年 3 月………大正大学文学部文学研究科非常勤講
師

1992 年 4 月～1995 年 3 月………学習院大学大学院文学研究科非常勤
講師

1995 年 4 月～2004 年 3 月………成蹊大学文学部非常勤講師

1996 年 4 月～1999 年 3 月………埼玉大学大学院文化科学研究科非常
勤講師

246 ── 倉持保男先生略歴

■研究業績（主要なもののみを抄出）

・著書

1980 年　3 月‥‥‥‥‥‥‥‥‥‥「文法Ⅱ　助動詞を中心にして」国
　　　　　　　　　　　　　　　際交流基金『教師用日本語教育ハン
　　　　　　　　　　　　　　　ドブック④』（阪田雪子と共著）

1982 年　3 月‥‥‥‥‥‥‥‥‥‥『必携慣用句辞典』三省堂（阪田雪子
　　　　　　　　　　　　　　　と共著）

1984 年　9 月‥‥‥‥‥‥‥‥‥‥『学習基本語彙』中央教育研究所

1988 年　6 月‥‥‥‥‥‥‥‥‥‥『標準語で引く　方言小辞典』東京
　　　　　　　　　　　　　　　堂出版

1983 年　7 月‥‥‥‥‥‥‥‥‥‥「文法Ⅱ　助動詞を中心にして（改
　　　　　　　　　　　　　　　訂版）」国際交流基金『教師用日本
　　　　　　　　　　　　　　　語教育ハンドブック④』（阪田雪子
　　　　　　　　　　　　　　　と共著）

1999 年　7 月‥‥‥‥‥‥‥‥‥‥『ことばの手帳　慣用句』三省堂（共
　　　　　　　　　　　　　　　著）

・編著又は編集協力

1963 年　5 月〜 1965 年　3 月‥‥‥‥文化庁編『外国人のための漢字辞典』
　　　　　　　　　　　　　　　（1966 年刊）編集専門委員

1965 年　5 月〜 1971 年　3 月‥‥‥‥文化庁編『外国人のための基本語用
　　　　　　　　　　　　　　　例辞典』（1971 年刊）編集委員

1965 年　5 月〜 1969 年　3 月‥‥‥‥文化庁編『外国人のための日本語読
　　　　　　　　　　　　　　　本』（1968 〜 1969 年刊）編集委員

1967 年　6 月〜 2002 年　3 月‥‥‥‥東京書籍『新しい国語』（小学校用検
　　　　　　　　　　　　　　　定教科書）編集委員・編集者代表

1970 年 12 月‥‥‥‥‥‥‥‥‥‥ランゲージサービス『Intensive Course
　　　　　　　　　　　　　　　in Japanese ―Elementary―』編集

倉持保男先生略歴 —— 247

委員

1971 年 10 月··················明治書院　松村明編『日本文法大辞典』項目執筆

1972 年　1 月··················三省堂『新明解国語辞典（第 1 版〜第 4 版)』編集協力者

1980 年　7 月··················ランゲージサービス『Intensive Course in Japanese —Intermediate—』編集委員

1982 年　4 月〜 1988 年　3 月·········国立国語研究所『母語別学習辞典インドネシア語編』(1988 年刊) 編集委員

1982 年　5 月··················大修館書店　林大他編『日本語教育事典』項目執筆

1997 年 11 月··················三省堂『新明解国語辞典（第 5 版)』編集委員

1999 年　7 月··················三省堂『故事ことわざ慣用句辞典』共著

2005 年　1 月··················三省堂『新明解国語辞典（第 6 版)』編集委員

2012 年　1 月··················三省堂『新明解国語辞典（第 7 版)』編集委員会代表

・論文

1964 年 10 月··················話しことばの文型と教材化の問題点：明治図書「教育科学国語教育」No. 71

1964 年 12 月··················実例からみた日本語の試験問題：日本語教育学会「日本語教育」4・5 号

248 ── 倉持保男先生略歴

	（分担執筆、文字・文法の2項を担当）
1965年 8月	マンガの用字・用語：筑摩書房「言語生活」40年8月号（吉沢典男と分担執筆、用字の項を担当）
1967年 1月	格助詞「より」「から」「にて」「で」：学燈社「国文学」12巻2号
1967年 12月	標準語と文法：明治書院『講座日本語の文法 第4巻』
1968年 11月〜1971年 3月	外国人への日本語教育：明治書院「月刊文法」創刊号〜最終号に連載（阪田雪子と共同執筆）
1969年 4月	副助詞「だけ」「くらい」「ばかり」「きり」：学燈社 松村明編『古典語／現代語 助詞助動詞詳説』
1969年 9月	現代作家の文法的誤りをつく─石原慎太郎・大江健三郎─：明治書院「月刊文法」1巻12号
1970年 1月	どうすればわかりやすい文になるか：学燈社「国文学臨時増刊号 悪文矯正の手帳」
1970年 8月	類義と称せられる接尾語について─特に「ぎわ」「しな」「がけ」の場合─：群馬大学語文学会「語学と文学」第14・15号

倉持保男先生略歴 —— **249**

1972 年 12 月 1974 年 12 月 1975 年 12 月 1983 年　3 月	国語辞書の意味記述の方法をめぐる諸問題（一）〜（四）：慶應義塾大学国際センター研究紀要「日本研究」第 2 号、「日本語と日本語教育」第 3 号・4 号・12 号
1975 年 11 月	川端康成、付文体研究の歩み：汐文社『新・日本語講座 7 巻「作家と文体」』
1976 年 12 月	日本語教育研究ノート（1）：慶應義塾大学国際センター紀要「日本語と日本語教育」第 5 号
1977 年　9 月	国語辞書の意味の扱いに関する二・三の問題：明治書院『松村明教授還暦記念　国語学と国語史』
1983 年　6 月	日本語教育の現状と今後の展望：日本語教育学会「日本語教育」50 号
1986 年　9 月	日本語教育における類義語の指導：明治書院「日本語学」5 巻 9 号
1986 年 10 月	「腹が立つ」と「腹を立てる」：明治書院『松村明教授古稀記念　国語研究論集』
1987 年　7 月	文章中の指示語の機能：明治書院『国文法講座 6 「時代と文法　現代語」』
1990 年 11 月	語彙・意味：凡人社『日本語教育への道』
1995 年 11 月〜 1996 年　3 月	日本語よ：「朝日新聞・日曜版」（20 回にわたり連載）
1997 年 10 月	定めなき水：積水化学工業「Aqua

250 ——— 倉持保男先生略歴

水・人・科学＆セキスイ」No. 19

1998 年　3 月⋯⋯⋯⋯⋯⋯⋯⋯⋯⋯形容詞述語文の構造について：「大
正大学大学院研究論集」第 22 号

2000 年　2 月⋯⋯⋯⋯⋯⋯⋯⋯⋯⋯補助動詞「（〜テ）シマウ」について：
ひつじ書房『日本語　意味と文法の
風景　―国広哲弥教授古稀記念論文
集―』

2004 年　3 月⋯⋯⋯⋯⋯⋯⋯⋯⋯⋯形容詞「長い」「細い」「細長い」の
認知意味論的考察：「大正大学研究
紀要」89 号

2005 年　3 月⋯⋯⋯⋯⋯⋯⋯⋯⋯⋯「汗を拭く」と「顔を拭く」：大正大
学国文学会「国文学踏査」第 17 号

・学会活動等

1965 年　7 月〜 1970 年　7 月⋯⋯⋯文化庁主催「日本語教育研修会」講
師を委嘱され、文法教育関係の講義
を 8 回担当

1979 年　5 月〜　6 月⎤⋯⋯⋯⋯⋯⋯国立国語研究所「日本語教育長期研
1980 年　5 月〜　6 月⎦　　　　　　修」講師を委嘱され、語彙教育の講
義を行う

1979 年　8 月⎤⋯⋯⋯⋯⋯⋯⋯⋯⋯国際交流基金「海外日本語教師研修
1980 年　8 月⎦　　　　　　　　　会」講師を委嘱され、日本語史の講
義を行う

1979 年　6 月〜 1980 年　9 月⋯⋯⋯国立国語研究所客員研究員として
「母語別学習辞典」の編集に従事

1982 年　7 月⋯⋯⋯⋯⋯⋯⋯⋯⋯⋯国立国語研究所「日本語教育研修会」
初心者研修会の講師を委嘱され、語
彙の研究と教育を担当

倉持保男（くらもち　やすお）

1934年 東京生まれ。東京大学大学院人文科学研究科国語国文学専門課程修士課程修了。その後、千葉大学、群馬大学、慶應義塾大学、大正大学で助教授・教授を歴任。その間、国際交流基金より、タイ国チュラロンコン大学・タマサート大学客員教授、北京・日本語研修センター日本語専家などとして派遣される。主な著書に、『教師用日本語教育ハンドブック』（共著）、『必携慣用句辞典』（共著）、『学習基本語彙』、『標準語で引く　方言小辞典』などがある。また、半世紀にわたり、編集協力者・編集委員・編集委員会代表として、『新明解国語辞典』に携わっている。

ことばの雑記控
六十の手習い八十の飯事

2018年5月31日　第1刷発行

著　者	倉　持　保　男	
発行者	株式会社　三　省　堂	
	代表者 北口克彦	
印刷者	三省堂印刷株式会社	
発行所	株式会社　三　省　堂	

〒101-8371
東京都千代田区神田三崎町二丁目22番14号
電話　編集　(03)3230-9411
　　　営業　(03)3230-9412
http://www.sanseido.co.jp/

©Yasuo Kuramochi 2018
ISBN978-4-385-36442-1　　　Printed in Japan

落丁本・乱丁本はお取り替えいたします。
〈ことばの雑記控・256pp.〉

本書を無断で複写複製することは、著作権法上の例外を除き、禁じられています。また、本書を請負業者等の第三者に依頼してスキャン等によってデジタル化することは、たとえ個人や家庭内での利用であっても一切認められておりません。